जाति की समझ

जाति की समझ

महात्मा बुद्ध से बाबासाहेब अम्बेडकर और उनके बाद

गेल ओम्वेट

अनुवाद

नलिनी बंसल

ओरियंट ब्लैकस्वॉन

यह पुस्तक ओरियंट ब्लैकस्वॉन द्वारा प्रकाशित अंग्रेज़ी पुस्तक Understanding Caste: From Buddha to Ambedkar and Beyond का हिंदी अनुवाद है।

जाति की समझ : महात्मा बुद्ध से बाबासाहेब अम्बेडकर और उनके बाद

ओरियंट ब्लैकस्वॉन प्राइवेट लिमिटेड

मुख्य कार्यालय
3-6-752 हिमायतनगर, हैदराबाद 500 029 (तेलंगाना), भारत
ई-मेल : centraloffice@orientblackswan.com

शाखाएँ
बंग्लुरु, चेन्नई, गुवाहाटी, हैदराबाद, कोलकाता,
मुंबई, नई दिल्ली, नोएडा, पटना, विशाखापट्टनम

पुनर्मुद्रित 2023

ISBN 978-93-5287-264-0

037023

आवरण और पुस्तक सज्जा
© ओरियंट ब्लैकस्वॉन प्राइवेट लिमिटेड

लेज़रटाइपसेटर
ए. एंड डी. कं., दिल्ली

मुद्रक
राजीव बुक बाइंडिंग हाउस

प्रकाशक
ओरियंट ब्लैकस्वॉन प्राइवेट लिमिटेड
3-6-752 हिमायतनगर, हैदराबाद 500 029 (तेलंगाना), भारत
ई-मेल : info@orientblackswan.com

विषय सूची

परिचय

अधिकांश लोगों, यहां तक कि विद्वानों के लिए भी 'हिंदूवाद या हिंदू धर्म' एक महत्त्वहीन अवधारणा है। भारत के लोगों को हिंदू कहा जाता है। हिंदूवाद उनका धर्म है। ऋग्वेद से लेकर दर्शनशास्त्रियों तक, और यहां तक कि समकालीन राजनेताओं के लिए भी यह एक अनूठा आध्यात्मिक विषय है, जो व्यावहारिक जीवन के साथ जुड़ा हुआ है; और इस विविधतापूर्ण विशाल उपमहाद्वीप में इसे एक ठोस भौगोलिक आधार प्राप्त है। हालांकि समय-समय पर विदेशी आक्रमणकारियों, विजेताओं और उपद्रवियों ने इसकी स्थिरता को तोड़ा, किंतु फिर भी यह निरंतर कायम रहा है। इसने व्यापक और अनौचित्यपूर्ण सामाजिक असमानताओं को जन्म दिया, किंतु इन असमानताओं के खिलाफ प्रतिरोधों का भी समर्थन किया। इसका सबसे बड़ा गुण इसका लचीलापन, इसका बहुलवादी स्वरूप तथा इसमें मतांधता (dogma) का अभाव है। कहा जाता है कि हिंदू धर्म में ''रूढ़िवादिता'' नहीं है (यद्यपि इसमें प्रथाओं की बहुलता (orthopraxy) है)। इसकी धार्मिक परंपराएं, मूल रूप से वेदों और उपनिषदों में सन्निहित होने के कारण, इसने अन्य धर्मों - जैन धर्म, बौद्ध धर्म, सिक्ख धर्म को आगे बढ़ाया - जो भारत के सभी भागों में उन्हीं उर्वर परंपराओं से जन्मे हैं, जो विश्व को हिंदू धर्म की ही देन थे।

इस छवि, जिसमें उप-महाद्वीप की सांस्कृतिक विविधताएं शामिल हैं, और जिनमें वेदांतों के मूल तत्त्व घुलमिल गए हैं, भारत पर रचित लोकप्रिय और विद्वतापूर्ण लेखों दोनों में छाए हुए हैं। एक उदाहरण के रूप में, ''महाराष्ट्र में धर्म'' पर लिखने वाले दो विद्वानों ने द *एक्सपीरिएंस ऑफ हिंदुइज़्म* पुस्तक में

दलित, मार्क्सवाद और भक्ति परंपरा को एक साथ पिरोया है, और अंत में वेदांतम को अंतिम सत्य बताया है:

> वर्तमान भारत में सम्मिलित बौद्ध धर्म, जैन, मुसलमान, ईसाई, यहां तक कि मार्क्सवादी भी इसे ही मानते हैं – वह सभी ह्दय से हिंदू-भारतीय हैं... हिंदू-भारतीय आखिर क्या है? इसमें क्या निहित है? प्रमुख रूप से, इस दुनिया के साथ-साथ दूसरी दुनिया के अस्तित्व को स्वीकार करना और दोनों को एक-दूसरे से मिलाने का प्रयास करना। किंतु दोनों के बीच, दूसरी दुनिया पहले आती है। ब्रह्म और माया दोनों सत्य हैं, किंतु ब्रह्म ही अंतिम सत्य है... इस अंतिम/अनंतिम द्वैतवाद को वेदांत में अद्वैतवाद में एकाकार कर दिया गया है। (भावे 1988, 318-19)।

अनेक लोग हैं जो इसका हिंसात्मक विरोध करेंगे, और हम देखेंगे कि भारतीय परंपराएं उक्त रूप में परिभाषित हिंदू धर्म से कहीं अधिक व्यापक हैं। अधिक ध्यान देने योग्य बात यह है कि लचीलेपन और विविधता की छवि के पीछे प्रभुता के दावे को अधिक कठोरता से लागू किया गया है। ''दो दुनियाओं के बीच, दूसरी दुनिया पहले आती है'' – इसी कथन से विश्व हिंदू परिषद् (वीएचपी) का राजनीतिक वाक्य बना है जिसमें कहा गया है कि ''हिंदू परंपरा'' कहे जाने वाले सिद्धांत के अनेक संस्करण हो सकते हैं, (जिनमें अक्सर सिक्ख धर्म, बौद्ध धर्म, जैन धर्म, आर्य समाज और सनातन धर्म का उल्लेख किया जाता है), किंतु इस बात में कोई विवाद नहीं है कि इन सबका मूल 'परंपरागत हिंदूवाद' में ही विद्यमान है – जिसे भ्रामक रूप में *सनातन धर्म* भी कहा जाता है।

हिंदुत्व की आधुनिक राजनीति उग्रवादी हिंदुत्व और राष्ट्रवाद के रूप में – हिंदू धर्म का जन्म हिंदू धर्म की प्रचलित अवधारणा बहुलतावाद और सहनशीलता के प्रभाव से तथा समकालीन भौतिक अभावों तथा आर्थिक विक्षोभों के दबावों के कारण हुआ। इसे इस दावे में जोड़ दिया गया कि हिंदू धर्म भारत के लोगों का प्रमुख धर्म है: हिंदू धर्म हमारा राष्ट्रीय धर्म है, जो इस उपमहाद्वीप के लोगों की परंपरा है, किंतु इस पर, सबसे पहले मुसलमान आक्रमणकारियों ने और उसके बाद ब्रिटिश उपनिवेशवाद ने हमला किया और इसका अपमान व तिरस्कार किया, और अब समकालीन सरकार द्वारा इसका अपमान किया जा रहा है, जो स्वयं को ''धर्मनिरपेक्ष'' कहने के बावजूद, अपने ही देश में स्वयं इसका तिरस्कार कर रही है तथा मुसलमान और ईसाई अल्पसंख्यकों को सिर चढ़ा रही है। हिंदू धर्म का सबसे बड़ा गुण अन्य धर्मों के प्रति इसकी उदारतापूर्ण सहनशीलता रही

है, किंतु इसके शत्रुओं ने इसका लाभ उठाया। हिंदुओं को अब कठोर, उग्र तथा स्वाभिमानी होने की आवश्यकता है और अब उन्हें अडिग रहकर अपने धर्म के प्रति समर्थन जताना होगा।

आज, वामपंथ और प्रजातांत्रिक शक्तियों का बड़ा हिस्सा तथा समस्त नए सामाजिक आंदोलन हिंदुत्व और हिंदू राष्ट्रवाद के बढ़ते प्रभाव के विरुद्ध दलीलें देने और संगठित होने का प्रयास कर रहे हैं। इनमें से अधिकांश ''सांप्रदायिकता'' के विरुद्ध खड़े हुए हैं, किंतु ये हिंदू धर्म के विरुद्ध नहीं हैं। इन विरोधियों के धर्मनिरपेक्ष दृष्टिकोण में तर्क दिया जाता है कि भारतवासियों को अपनी धार्मिक पहचान से परे जाकर, राष्ट्रीय नागरिक के रूप में और एक मानवीय पहचान के लिए आगे आना चाहिए। इसे सांप्रदायिकता-विरोधी एक लोकप्रिय गीत मंदिर-मस्जिद से दर्शाया जा सकता है:

मंदिर, मस्जिद, गुरुद्वारे ने
बांट लिया भगवान को।
धरती बांटीं, सागर बांटा
पर मत बांटों इंसान को।
हिंदू कहता है, 'मंदिर मेरा है,
मंदिर ही मेरा धाम है'।
मुसलिम कहता है, 'मक्का मेरा है,
मक्का मेरा ईमान है'।
दोनों लड़ते, लड़-लड़ मरते,
लड़ते... खत्म हुए।

इस गीत में आगे राजनेताओं के षड्यंत्रों और सांप्रदायिकता के माध्यम से शोषण जारी रखने का वर्णन किया गया है, किंतु दिलचस्प बात यह है कि आम जन तक केवल यही धारणा पहुंचती (और उत्पन्न होती) है कि भारत हिंदुओं का देश है, जबकि मुसलमानों को अपनी स्वामीभक्ति कहीं और से मिलती है।

कबीर के दोहे में एक अधिक भावपूर्ण अभिव्यक्ति देखी जा सकती है:

हिंदू कहे मोहि राम पियारा,
तुर्क कहे रहमाना,
आपस में दोउ लड़ी-लड़ी मुए,
मरम ना कोई जाना।

सांप्रदायिकता का विरोध करने का एक और तरीका स्वयं हिंदू परंपराओं पर पुनर्विचार करना है, जिसका पिछले कुछ वर्षों से दिल्ली के कई सांप्रदायिकता विरोधी बुद्धिजीवियों में प्रसार हो रहा है। इसे मधु किश्वर ने *मानुषी* के अनेक लेखों में सार्थक ढंग से उठाया है, जिनमें ''हमारे धर्म की रक्षा'' का तर्क दिया गया है। इस आरोप से सहमति जताते हुए, कि नेहरूवादी और आधुनिक वामपंथी धर्म-निरपेक्षवादी हमारी पहचान की आश्यकता को पूरा कर पाने में अक्षम हैं, वह भक्ति परंपरा को ''सच्चा हिंदूवाद'' मानने का आग्रह करती हैं, और तर्क देती हैं कि राम की लड़ाकू योद्धा की छवि को तोड़-मरोड़कर पेश किया गया है, और जातिवाद, अधिकांशत: उपनिवेशवाद की देन है। इस स्थिति ने अनेक धर्मनिरपेक्ष नारीवादियों को भड़काया, किंतु इस तथ्य को नकारा नहीं जा सकता कि इसने अनेक लोगों, विशेष रूप से मध्यम वर्ग और उच्च-मध्यम वर्ग के भारतीयों को अपनी ओर आकर्षित किया। यहां तक कि उच्च-जाति के वामपंथी भी अधिक संख्या में इसकी ओर आकर्षित हुए। इसे सांप्रदायिकता विरोधी अभियान (एसवीएम) के एक पोस्टर में दर्शाया गया है: जिसमें रावण को राम का मुखौटा लगाए दिखाया गया है। सांप्रदायिकता विरोधी अभियान ने, इस प्रकार, राम की ''भद्र और उदार'' छवि अपनाने और रावण की राक्षसी प्रवृत्तियों से बचने का आग्रह किया।

हिंदूवाद के दोनों विरोधी स्वरूप - ''धर्मनिरपेक्षवाद'' और ''हिंदू सुधारवाद'' - क्रमश: नेहरूवादी और गांधीवादी परंपराओं की देन हैं। हालांकि इस बात पर कोई संदेह नहीं है कि वे असल में हिंदूवाद की उग्र राजनीति का विरोध करने का प्रयास कर रहे हैं, किंतु उनका यह मानना कि ''हिंदू'' होना ही ''भारतीय'' होना है तथा हिंदू धर्म ही भारत का पारंपरिक धर्म है, आपत्तिजनक है।

इस विवाद से ऊपर उठने की आवश्यकता है जिसमें ''धर्मनिरपेक्षता'' अथवा ''सुधारवादी हिंदू धर्म'' को हिंदुत्व का विकल्प बताया जाता है। इसका अर्थ है कि हमें ''हिंदू धर्म'' से आगे बढ़ना होगा।

धर्मनिरपेक्षवादियों और हिंदू सुधारवादियों के बीच होने वाले इस विवाद से परे, भारत में आज ऐसे अनेक मत हैं जो न केवल बीजेपी (भाजपा; भारतीय जनता पार्टी)/वीएचपी (विहिप; विश्व हिंदू परिषद) द्वारा हिंदू धर्म की व्याख्या पर प्रश्न उठाते हैं बल्कि भारत में आदिकाल से हिंदू धर्म की मौजूदगी के तर्क का भी विरोध करते हैं। तमिल के एक दलित बुद्धिजीवी-कार्यकर्ता, गुना ने लिखा:

> हिंदू धर्म का मूल सिद्धांत, जिसने उत्तर भारत में उस समय आकार लिया, जब मुस्लिम शासन अपनी जड़ें जमा रहा था ... के बारे में तमिलों को ब्रिटिश उपनिवेशवाद के आने तक कोई जानकारी नहीं थी... ब्राह्मणों ने, जिन्होंने अंग्रेजी शिक्षा प्रात की थी और जिन्हें विदेश में शिक्षा प्राप्त करने का अवसर मिला था, ने यूरोपवासियों से कुछ सूत्र ग्रहण किए जिन्होंने ''हिंदुस्तान'' नामक एक राजनीतिक इकाई की कल्पना की थी। इस विचारधारा का अनुकरण करके, उन्होंने विभिन्न संप्रदायों तथा ब्राह्मणवादी भेदभाव की नीति का अनगढ़ तरीके से विलय किया और इसे हिंदू धर्म का नाम दिया। इस सिद्धांत से ... एक छद्म-धार्मिक-राजनीतिक धारणा का निर्माण हुआ जिसे हिंदूवाद कहा गया, जिसके आधार पर उन्होंने ''हिंदू'' राष्ट्रवाद के मिथक को परिभाषित करने का प्रयास किया... इस प्रकार ''हिंदू'' धारणा का जन्म केवल दो सौ वर्ष पूर्व हुआ, और वह आज भी एक रंगहीन, गंधहीन और आकारविहीन अवास्तविक कृत्रिम धारणा है। (गुना 1984, 124-25)

गुना एक अधिक व्यापक परंपरा या परंपराओं का पक्षधर है जिसने भारतीयता की पहचान (या पहचानों) की एक वैकल्पिक व्याख्या प्रस्तुत की। यह पहचान सामाजिक रूप में निम्न जातियों, दलितों और गैर-ब्राह्मणों पर आधारित थीं, जिसने प्रमुख रूप से उपमहाद्वीप के दक्षिणी, पश्चिमी और बाहरी क्षेत्रों में किसानों (और महिलाओं) की परंपराओं को अपनी ओर आकर्षित किया। आधुनिक काल में इन परंपराओं ने फुले, अम्बेडकर, पेरियार जैसे नेताओं को आकर्षित किया; उन्होंने बिरसा मुंडा और वीर नारायण सिंह जैसे विप्लवकारियों को आकर्षित किया, उन्होंने बुद्ध और चर्वाक, महावीर, कबीर, गुरु नानक और बासवप्पा की परंपराओं से संबंधित होने का दावा किया; उन्होंने शिवाजी जैसे नायकों पर अपना दावा प्रस्तुत किया, किंतु शिवाजी की हिंदूवादी व्याख्या का विरोध किया; उन्होंने मोहनजोदाड़ो की महिमा तथा स्वतंत्रता-पूर्व आदिवासियों की विरासत के गौरव का बखान किया और लुटेरी आर्य जनजातियों का विरोध किया। धर्मनिरपेक्षवादियों द्वारा हिंदू धर्म का विरोध किए जाने के विपरीत, उन्होंने मूलत: रूपांतरित गैर-हिंदू पहचान की नई राजनीति की घोषणा की, और सुधारवादी हिंदू पहचान के विपरीत, उन्होंने स्वयं ''हिंदू धर्म'' को दमनकारी वर्ग/जाति/पितृसत्तात्मक शक्ति के रूप में परिभाषित किया।

दलित आंदोलन, जो पूर्ववर्ती अछूत जातियों पर आधारित था, और जिसमें व्यापक रूप से अनेक दक्षिणी और बाहरी क्षेत्रों की गैर-ब्राह्मण जातियां भी शामिल हो गई थीं, ने वर्तमान वर्षों में इस वैचारिक चुनौती को अधिक कठोरता से उठाया और हिंदू

धर्म का विरोध किया। निश्चित रूप से, हिंदू धर्म की प्रभुता और वैधता को चुनौती देना ही दलित राजनीति का मूल लक्ष्य था।

वास्तव में, दलित राजनीति और दलित दर्शन में यह जरूरी है कि ''दलित'' शब्द से आगे बढ़ा जाए। पिछले दशक में, यह जाति व्यवस्था के सबसे अधिक उत्पीड़ित और शोषित वर्ग के लिए प्रयोग किया जाने वाला सबसे अधिक मान्य शब्द बन गया है। किंतु अन्य - जैसे ''अन्य पिछड़ी जातियां'', पूर्ववर्ती-शूद्र, गैर-ब्राह्मण - भी सामान्यतया ''श्रेणीकृत वर्गीकरण'' के अंतर्गत उत्पीड़ित और शोषित वर्ग की श्रेणी में आ गए, जिसे अम्बेडकर ने जाति कहा था। जातिवाद के विरुद्ध संघर्ष में उन्होंने भी अपना योगदान दिया। ''दलित उत्थान'' को सबसे अधिक प्रभावकारी तरीके से उन लोगों ने अभिव्यक्त किया जो स्वयं ''दलित'' नहीं थे - जैसे फुले, पेरियार, कबीर, तुकाराम- यहां तक कि स्वयं महात्मा बुद्ध भी, जिन्होंने सामाजिक समानता और सामाजिक न्याय की ओर ले जाने वाली इस लंबी यात्रा का सबसे पहला कदम उठाया।

दलित राजनीति को केवल उग्रवादी संगठनों, जैसे दलित पैंथर, दलबंद रिपब्लिकन पार्टी, बहुजन समाज पार्टी (बसपा; बीएसपी) के गुट, अथवा निम्न जातियों पर आधारित नक्सली संगठन की बगावत से उठी चुनौतियों के संदर्भ में देखना काफी नहीं होगा। ब्राह्मणों के प्रभुत्व को चुनौती देने वाली दलित राजनीति ने 1970 और 1980 के दशक में व्यापक रूप धारण कर लिया, जब इसका मूल विषय ''पिछड़ी जातियों'' (पारंपरिक वर्ण प्रणाली के भूतपूर्व शूद्रों), किसानों, महिलाओं और आदिवासियों के आंदोलनों पर हावी होने लगा। ब्राह्मणवादी परंपराओं को चुनौती देने वाली दलित राजनीति ''कई नए सामाजिक आंदोलनों'' का मुद्दा बनी रही। विशेष रूप से, यदि हम दलित पैंथर्स की स्थापना के वर्ष, 1972 को दलित आंदोलन के एक नए चरण की शुरूआत मानें, यह अन्य अनेक नए सामाजिक आंदोलनों के लिए भी एक महत्त्वपूर्ण वर्ष था - जैसे अहमदाबाद में *सेल्फ एम्पलॉयड वीमेन एसोसिएशन* (सेवा) की स्थापना से लेकर हिमालय की टिहरी-गढ़वाल की पहाड़ियों में एक नए पर्यावरण आंदोलन की लहर उठने तक, पंजाब और तमिलनाडु में किसानों के संगठन और आंदोलनों से लेकर मध्य भारत के झारखंड प्रदेश में स्वायत्तता के लिए उठने वाले आदिवासी आंदोलन तक।

हालांकि यह आंदोलन प्रत्यक्ष रूप से दलित आंदोलन नहीं थे, किंतु यह उस तरीके का विरोध कर रहे थे जिससे हिंदू राष्ट्रवादी शक्तियां भारतीय संस्कृति को दर्शा रही थी और उस पर अपना आधिपत्य दर्शा रही थी। उन्होंने अक्सर सांस्कृतिक

समालोचना को, व्यापक रूप से सामाजिक-आर्थिक विकास की समालोचना से जोड़ा और अति-केंद्रीकृत राजनीतिक प्रणाली का विरोध किया। 1980 के दशक के उत्तरार्ध में, इन सभी प्रसंगों के मिश्रण और संवाद देखने को मिले। 1989-1991 के बाद इस स्थिति में गिरावट आई और हिंदू राष्ट्रवादी शक्तियों ने नए सिरे से आक्रामक रूप ले लिया - किंतु हम आशा करते हैं कि यह गिरावट अस्थायी हो।

एक

भारत की दो महान परंपराएं और हिंदू धर्म का निर्माण

अब प्रश्न है कि हिंदू धर्म कुछ सिद्धांतों के आधार पर निर्मित धर्म है, और वह भी हाल ही में निर्मित? यूं तो सभी राष्ट्रीयताएं और पहचानें बनावटी सिद्धांत हैं। यह कहना भी गलत नहीं होगा कि भारतीय उपमहाद्वीप की पहचान केवल एक प्रकार के लोगों से, जिनका धर्म हिंदू है, निर्धारित करना इतिहास की एक नवीन घटना है, और इसे हाल ही के कुछ दशकों में राष्ट्रीय धर्म के रूप में दर्शाया जाने लगा है जो *राम* पर केंद्रित है।

हिंदू एक प्राचीन शब्द है, जिसका उद्‌भव सिंधु नदी से हुआ। कहा जाता है कि वर्तमान संदर्भ में वर्णित हिंदू धर्म की जड़ें वेदों में स्थित हैं, जो इंडो-यूरोपीय समुदाय द्वारा रचित काव्य है जिसने भारत की सबसे प्राचीन सभ्यता, सिंधु सभ्यता की स्थापना होने के अनेक शताब्दियों के बाद इस उपमहाद्वीप पर चढ़ाई की। सिंधु सभ्यता की लिपि- यदि यह वही है तो - अभी भी अपठित है, और इस सभ्यता के बारे में अधिक जानकारी नहीं है; केवल यही ज्ञात है कि यह सभ्यता काफी दूर-दूर तक फैली हुई थी, प्रभावशाली थी और अपेक्षाकृत समानताकारी थी, यहां अस्त्र-शस्त्र नहीं थे; इस सभ्यता के कुछ प्रस्तर अवशेष मिले हैं, जिनमें एक सुंदर कोमल नृत्यांगना और एक प्रभावशाली दाढ़ी वाले पुरुष की, जो संभवतया एक पुजारी लगता है, की मूर्तियां शामिल हैं।

अधिकांश वर्तमान पुरातत्त्ववेत्ताओं को इस बात पर संदेह है कि ''आर्य'' इस सभ्यता के विनाश का मुख्य कारण थे, किंतु उनकी प्राचीन काव्य रचनाओं से यह

स्पष्ट हो जाता है जिनमें इसके पतन का गुणगान किया गया है और यह दावा किया गया है कि वर्षा के देवता इंद्र ने भारी बरसात और बाढ़ से शहर का विनाश किया। जो भी हो, इन खानाबदोश कबीलों के धर्म को हम कुछ भी नाम दें, किंतु वह हिंदू धर्म तो कतई नहीं था। हिंदू धर्म का आरंभ मगध–मौर्य शासन की स्थापना के काल में हुआ, जो उपनिषदों की रचना से लेकर वेदांतवादी विचारधारा के निर्माण का काल था और जब *मनुस्मृति* के माध्यम से सामाजिक व्यवस्था को संस्थापित किया जा रहा था। परंतु तब इसे ब्राह्मणवाद कहा जाता था। बौद्ध धर्म और जैन धर्म (तथा इसके साथ–साथ पदार्थवादी चर्वाक परंपरा) भी इतने ही प्राचीन हैं। बौद्ध धर्म और जैन धर्म दोनों का दावा है कि उनकी विरासत को मोहनजोदाड़ो की सभ्यता के काल में खोजा जा सकता है; उनके गुरुओं की दीर्घ पंक्ति में बुद्ध तथा महावीर अंतिम गुरु थे। दूसरे शब्दों में, ब्राह्मणवादी हिंदू धर्म का उद्भव उपमहाद्वीप की विविध सांस्कृतिक परंपराओं के अनेक समेकनों (consolidations) में से किसी एक समेकन से हुआ। ब्राह्मणवाद ने बार–बार हुए परिवर्तनों और अनेक देशी परंपराओं के सम्मिश्रण के बाद आकार लिया; बौद्ध धर्म और जैन धर्म के साथ अक्सर हुए हिंसात्मक संघर्ष के पश्चात्, केवल छठी से लेकर दसवीं शताब्दी के दौरान ही ब्राह्मणवाद को सामाजिक और राजनीतिक प्रभुता प्राप्त हुई।

इसी काल के दौरान, इस उपमहाद्वीपीय भूखंड को दुनिया भर में 'हिंदुस्तान' या अरबी में 'अल–हिंद' के नाम से जाना जाने लगा। किंतु इस शब्द का धर्म से कोई वास्ता नहीं था और इस प्रदेश के मुसलमान शासकों को भी हिंदुस्तानी कहा जाता था। बाद में हिंदू धर्म कहे जाने वाले धर्म के प्रमुख तार दक्षिण के शैववाद और वैष्णववाद से जुड़े हुए थे जिनका प्रभाव पूरे दक्षिण–पूर्व एशिया में एक अलग परंपरा के रूप में मौजूद था।

ब्राह्मणवादी हिंदूवाद का प्रमुख सिद्धांत शास्त्रों की प्रामाणिकता को मानने के साथ–साथ, ब्राह्मणों और वेदों की प्रभुता को स्वीकार करना तथा समाज की आदर्शवादी संरचना के रूप में वर्णाश्रम धर्म का पालन करना था जिसमें जातियों और जीवन की चार अवस्थाओं को स्थापित किया गया था। प्रत्येक व्यक्ति में स्थित ''स्वयं'' या आत्मा का सर्वव्यापी ब्रह्म के साथ लीन कर देने का अद्वैत सिद्धांत इसका मूल दर्शन था। जब भिन्न मत–समर्थक तत्त्व जातिवादी वर्गीकरण के अंतर्गत अपनी जगह बना रहे थे, तब अपने विकास के दौरान ब्राह्मणवाद ने समावेशन और सहयोग की अतुलनीय क्षमता दर्शाई। इस सामाजिक व्यवस्था का ठोस आधार गांवों की जाति, जजमानी और छुआछूत की लाभकारी व्यवस्था में निहित था।

तथापि, इस बात में संदेह है कि उस समय का आम जनमानस स्वयं को हिंदू कहता था। उस समय असंख्य स्थानीय देवी और देवता मौजूद थे जो आज भी आम व्यक्ति के धार्मिक जीवन का प्रमुख केंद्र बने हुए हैं; इस काल ने भक्ति संप्रदाय को जन्म दिया (कभी-कभी गैर-वैदिक देवताओं पर केंद्रित, जैसे महाराष्ट्र में विट्ठल), जिसने जातिवादी वर्णव्यवस्था और ब्राह्मणों के एकाधिकार के खिलाफ विद्रोह किया। फलस्वरूप, इनमें से अनेक ऐसी धार्मिक परंपराएं विकसित हुई जो स्वयं को पूरी तरह गैर-हिंदूवादी (सिक्ख, वीराशैववादी, इत्यादि) मानतीं थीं।

वास्तव में, औपनिवेशिक काल के दौरान ही, भारत या हिंदुस्तान (प्रदेश) की पहचान को और इसके निवासियों की पहचान को एक विशेष धर्म, हिंदू धर्म के साथ जोड़ा गया और इसकी उपमहाद्वीप के प्रमुख और आदिकालीन धर्म के रूप में व्याख्या की गई। यहीं से हिंदू धर्म या हिंदूवाद का निर्माण हुआ। इसकी स्थापना में यूरोपीय लोगों ने महत्त्वपूर्ण भूमिका निभाई जो जातिवाद, स्वच्छंतावाद, वेदों और पूर्वी सभ्यता से सम्मोहित थे। किंतु हिंदू धर्म के निर्माण का प्रमुख कार्य भारत के संभ्रांत वर्ग ने किया। उन्नीसवीं शताब्दी में लोकमान्य तिलक जैसे कुछ लोगों ने ''आर्य प्रजाति सिद्धांत'' को अपनाया और दावा किया कि भारत की उच्च जातियों की उत्पत्ति श्वेत प्रजातियों से हुई। उन्होंने वेदों को अपना मूल साहित्य माना। तिलक पहले व्यक्ति थे जिन्होंने गणेश चतुर्थी जैसे सार्वजनिक समारोह के माध्यम से जनता के एक बड़े वर्ग को ब्राह्मणवादी नेत्तृत्व के तले संगठित करने का प्रयास किया। शिवाजी को ''हिंदू राज'' के संस्थापक के रूप में स्थापित करने का उद्देश्य मुसलमानों का विरोध करना था। संयोगवश इस प्रक्रिया का उन्नीसवीं शताब्दी में सैद्धांतिक विरोध किया गया (देखें ओ'हैनलोन 1988)। उन्नीसवीं शताब्दी के अंत तक, हिंदू रूढ़िवादियों ने उच्च जाति के सुधारवादी प्रतिद्वंद्वियों पर व्यापक हमले करने शुरू कर दिए और उन पर राष्ट्र-विरोधी होने का आरोप लगाया। उन्होंने समाज सुधार परिषद् को राष्ट्रीय कांग्रेस के साथ होने वाली समन्वय बैठकों से अलग रखने में सफलता प्राप्त की।

1920 के दशक में उस समय इस दिशा में महत्त्वपूर्ण विकास हुआ जब हेडगेवार ने राष्ट्रीय स्वयंसेवक संघ (RSS) की और सावरकर ने हिंदू महासभा की नींव रखी। सावरकर प्रथम व्यक्ति थे जिन्होंने संपूर्ण हिंदू राष्ट्रीयता या हिंदुत्व की घोषणा की और इसका प्रजाति, रक्त तथा प्रदेश के साथ संबंध स्थापित किया। उन्होंने स्वयं को नास्तिक बताया और अपने सिद्धांतों में धर्म पर अधिक बल नहीं दिया; तब भी उनकी ''सांस्कृतिक आर्य'' की व्याख्या पूरी तरह स्पष्ट थी: उन्हें हिंदी और उर्दू को मिश्रित

करने का विचार पसंद नहीं था, उन्होंने भारत की भाषायी/सांस्कृतिक विविधता को मानने से इनकार किया, और अपनी राजनीति में निरंतर मुसलमानों का विरोध किया।

तिलक और सावरकर महाराष्ट्र के चितपावन ब्राह्मण थे, जो पश्चिमी भारत से अंग्रेजों द्वारा विस्थापित किए गए राजा-महाराजाओं की जाति थी। 1920 के दशक में हुए उग्र गैर-ब्राह्मण तथा दलित आंदोलन के कारण चितपावनों पर पहले ही काफी दबाव था। उल्लेखनीय है कि आर्य जाति की विरासत के दावे को, स्पष्ट रूप से गैर-ब्राह्मण आंदोलनों द्वारा उलट दिए जाने के कारण, 1930 के दशक में पुनर्व्याख्यायित किया गया: आर्यवाद तथा हिंदू धर्म के वैदिक, सांस्कृतिक मूल की धारणा को छोड़ा नहीं गया, किंतु गोलवकर जैसे विचारकों ने यह तर्क देना शुरू कर दिया कि आर्य जाति के लोग मूल रूप से भारतीय उपमहाद्वीप के ही निवासी थे (देखें पांडे 1991; येचुरी 1993)।

तब भी, हिंदू राष्ट्रवाद को सबसे मजबूत आधार उत्तरी भारत में मिला, जहां भावनात्मक नारा ''हिंदी-हिंदू-हिंदुस्तान'' सबसे अधिक सार्थक सिद्ध हुआ। यहां, पूर्ववर्ती सत्ता पर मुसलमानों का नियंत्रण था और सभी सामाजिक वर्गों में अभी भी बड़ी संख्या में मुसलमान मौजूद थे। अत:, ''हिंदू धर्म की राष्ट्रवाद'' के सैद्धांतिक सूत्र के साथ हिंदू धर्म की धार्मिक समुदायों के साथ पहचान बढ़ने लगी। किसान, शिल्पकार और अन्य लोग स्वयं को धार्मिक संदर्भ में पहचानने लगे, और अब तक भाषायी-सांस्कृतिक संयोजन में गहराई से आपस में गुंथे ''हिंदू'' और ''मुसलमान'' समुदाय स्वतंत्र सत्ता के रूप में उभरने लगे; इस प्रक्रिया का वर्णन ज्ञान पांडे ने ''उत्तर भारत में सांप्रदायिकता का निर्माण'' कहकर किया है। दोनों समूहों ने न केवल धार्मिक संदर्भ में अपनी अलग पहचानों का निर्माण किया, अपितु अपनी सुरक्षा के लिए राजनीतिक शक्तियों की खोज की। पांडे द्वारा किए गए उल्लेखानुसार, इस प्रक्रिया में, ''हिंदू राज की अवधारणा रखी गई जिसमें प्राचीन हिंदू सभ्यता का महिमामंडन किया गया और मुसलमानों को जहां का तहां छोड़ दिया गया'', जिसके बाद ''कुछ समय में मुस्लिम राज की अवधारणा प्रचलित हुई जिसमें मुसलमानों के अधिकारों को सुरक्षित रखने की घोषणा हुई'' (पांडे 1990, 235)। इन तनावों के फलस्वरूप, धीरे-धीरे राष्ट्रीय आधार पर पहचान संगठित करने के प्रयास शुरू हुए।

एक बार यह स्थापित हो जाने पर कि अखिल भारतीय स्तर पर हिंदू और मुसलमान, दो अलग-अलग संप्रदाय मौजूद थे, एक अधिभावी (overriding) राष्ट्रीय पहचान बनाने के केवल दो संभावित मार्ग बचे थे। एक मार्ग गांधी ने अपनाया और दूसरा मार्ग नेहरू और वामपंथियों ने अपनाया। गांधीवादी समाधान में भारत को विभिन्न

समुदायों का सम्मिलन माना गया जिसमें प्रत्येक समुदाय की अलग पहचान थी किंतु जो सहनशीलता और प्रेम की संपदा से एकसूत्र में बंधे हुए थे, जो प्रत्येक धर्म की परंपरा में सन्निहित था। नेहरूवादी समाधान में आधुनिकता और समाजवाद के आधार पर एक धर्मनिरपेक्ष पहचान स्थापित करना शामिल था जिसे श्रेष्ठ माना गया, और इस प्रक्रिया में अलग धार्मिक समुदाय की पहचान को नामंजूर कर दिया गया।

गांधी का समाधान लोक-परंपराओं के महत्त्व की गहरी समझ पर आधारित था; निश्चित रूप से अपने संपूर्ण राजनैतिक जीवनकाल में इन परंपराओं को समझने की उनकी योग्यता ने उन्हें अपने समय का सबसे महत्त्वपूर्ण जन-नेता बनाया और उन्होंने विकास का ऐसा आदर्श सूत्र तैयार किया जो उस केंद्रीकृत औद्योगिक मार्ग से अलग था जिसे बाद में अपनाया गया। गांधी स्वयं को हिंदू कहते थे, किंतु हिंदू होने का तात्पर्य क्या है, इस पर उन्होंने अपनी अलग, कदाचित आश्चर्यजनक व्याख्याएं दीं। उन्होंने कहा, "*रामायण*, *महाभारत* सहित समस्त वेद, *उपनिषद*, *स्मृतियां* और *पुराण* हिंदू धर्मग्रंथ हैं, किंतु इसके बाद उन्होंने इसकी व्याख्या के अपने अधिकार पर बल दिया। उन्होंने ऐसी सभी बातों को नकार दिया जो आध्यात्मिकता के बारे में उनकी विचारधारा के अनुकूल नहीं थीं: ऐसी कोई भी बात, जिसे तर्क से परखा न जा सके और जिसे सहजता से अनुभव किया जा सके, ईश्वर का कथन मानकर स्वीकार नहीं की जा सकती" (द *हरिजन* में अम्बेडकर के एनीहिलेशन ऑफ कास्ट पर गांधी का उत्तर- अम्बेडकर 1979, 82)। किंतु नि:संदेह हिंदू पहचान को स्वीकार करने का अर्थ था कि इस पहचान में जाति तत्त्व को भी शामिल किया जाए:

> जाति का धर्म से कोई लेना-देना नहीं है... यह आध्यात्मिक और नैसर्गिक विकास, दोनों के लिए हानिकारक है। वर्ण और आश्रम ऐसे संस्थान हैं जिनका जाति से कोई संबंध नहीं है। वर्ण का सिद्धांत हमें सिखाता है कि प्रत्येक व्यक्ति को अपने पूर्वजों के पेशे को अपनाकर अपनी रोजी-रोटी कमानी चाहिए... आध्यात्मिक गुरु के रूप में ब्राह्मण- और जमादार, दोनों का पेशा समान होता है और उनके नियत काम ईश्वर के समक्ष समान रूप से महत्त्वपूर्ण होते हैं और मनुष्य को इनका समान फल मिलता है (अम्बेडकर 1979, 83 में उद्धृत)।

इस सूत्र में मनुष्य की विरासत या खानदानी पेशे को स्वीकार किया गया था और स्पष्ट रूप से उग्रवादी(militant) निम्न जाति ने इसे मानने से इनकार किया।

गांधी के समाज सुधारवाद के साथ-साथ उनके द्वारा प्रस्तावित विकास मार्ग, जो टिकाऊ, विकेंद्रीकृत समाज की एक प्रकार की हरित परियोजना थी, और जो औद्योगिक समाज की मजबूत समालोचना से विकसित हुआ था, को अंत में हिंदू

धर्म से जोड़ दिया गया, जिसने ब्राह्मणवाद के मूल सिद्धांत को स्वीकार किया: आवश्यकताओं को सीमित रखना जिसमें प्रौद्योगिकी और काम-वासना को मनुष्य की इच्छाओं को वशीभूत करने वाला (माया) माना गया, और जिसमें मार्गदर्शक के रूप में बुद्धिजीवियों की भूमिका को स्वीकार किया गया। "*राम राज*"ने अंतत: गांधी को न केवल हिंदू, अपितु उन्हें उच्च जाति के हितों का अप्रत्यक्ष प्रवक्ता बताया।

आश्चर्य नहीं है कि जाति के मुद्दे पर गांधी को सबसे बड़ी आकांक्षाओं, विवादों और असफलताओं का सामना करना पड़ा। दूसरे गोलमेज सम्मेलन (1930 के दशक के आरंभ में भारत के राजनीतिक भविष्य के बारे में समझौते के लिए अंग्रेजों द्वारा बुलाए गए दो सम्मेलनों में से दूसरा) के समय अम्बेडकर से उनके विरोध से पता चलता है कि वह अपनी पहचान राष्ट्रीय नेता से पहले हिंदू बताते थे (देखें ओम्वेट 1994, अध्याय 5)। अंत में, गांधी के साहस, या उग्रवादी हिंदूवादियों के हाथों उनकी हत्या किए जाने के बावजूद, निम्न जातियों के अनेक लोग गांधी के सांप्रदायिकता विरोधी हिंदूवादी सिद्धांत से विमुख हो गए। अम्बेडकर की धारणा, कि – 'गांधी युग भारतीय राजनीति का अंधकार युग है। इस युग में लोग भविष्य में अपने आदर्श ढूंढ़ने के स्थान पर प्राचीन काल की ओर जा रहे हैं' – कठोर थी, किंतु इससे यह पता चलता था कि दलितों ने हिंदूवादी परंपराओं के विपरीत आधुनिकता का वरण किया था।

किंतु दूसरे विकल्प, नेहरूवादी समाजवाद की अपनी समस्याएं थीं। गांधी के समान, नेहरू ने भी हिंदू पहचान को महत्त्व नहीं दिया। गांधी के विपरीत, आधुनिक भारत के निर्माण पर उनकी धारणा यह थी कि आधुनिक दुनिया में भारत को अपनी धार्मिक पहचान को अनदेखा करना होगा, अंतत: इसे असंगत मानना या कम महत्त्व देना होगा। वामपंथियों और नेहरूवादी समाजवादियों, दोनों ने सामाजिक स्तर पर वर्ग को अंतिम सत्य माना, और इसे अमूर्त राष्ट्रीयता के साथ आगे बढ़ाने का प्रयास किया तथा सभी सांप्रदायिक/धार्मिक पहचानों को सामंतवादी माना। उनका मानना था कि आर्थिक और प्रौद्योगिक विकास से उक्त पहचानें व्यर्थ हो जाएंगी। इस प्रकार, नेहरू (और वामपंथियों) की धर्मनिरपेक्षता औद्योगिक/वैज्ञानिक प्रगति पर सहज विश्वास से अटूट रूप से जुड़ी हुई थी:

> मेरी राय में, वास्तविक हल केवल तभी निकलेगा जब सभी धार्मिक वर्गों को प्रभावित करने वाले और सांप्रदायिक सीमाओं को तोड़ने वाले आर्थिक मुद्दे आगे आएंगे... मुझे लगता है कि मैं इस सांप्रदायिक मुद्दे पर उत्तेजित नहीं हो सकता, क्योंकि यह महत्त्वपूर्ण किंतु अस्थायी है। आखिरकार यह एक गौण मुद्दा है, और व्यापक परिप्रेक्ष्य में इसका कोई वास्तविक महत्त्व नहीं है। (नेहरू 1941, 410-11)।

नेहरू के समाजवाद के समान गांधी के स्व-घोषित हिंदू धर्म को भारतीय समाज एवं इतिहास के बारे में हिंदू धर्म से संबंधित धारणाओं से काफी सहारा मिला, हालांकि अपने सभी लेखों में उन्होंने अनेकता और विविधता की सराहना की। उन्होंने बार-बार कहा कि भारत की पहचान हिंदू धर्म से स्थापित नहीं की जानी चाहिए, कि बौद्ध धर्म एक अलग धर्म है, कि जातिवाद की निंदा करनी चाहिए। तब भी व्यापक रूप से उनका मानना था कि ब्राह्मणवादी हिंदू धर्म ही ''राष्ट्रीय'' धर्म था, जिसका अंदरूनी ढांचा ऐसा था जिसमें अन्य परंपराएं आसानी से अवशोषित हो जाती थीं:

> प्राचीनकाल में, जिस युग में आर्य लोग आर्यव्रत या भारतवर्ष में आए, तब भारत ने इस नई प्रजाति और उनकी संस्कृति को इस प्रदेश की पुरानी प्रजाति और संस्कृति के साथ संश्लेषित करने की समस्या का सामना किया। भारत ने स्वयं को पूरे मन से इस स्थिति के प्रति समर्पित किया और एक ऐसा स्थायी हल निकाला जो भारतीयों-आर्यों की संयुक्त संस्कृति की मजबूत नींव पर टिका था। अन्य विदेशी विचारधाराएं भी आईं और उन्हें भी अवशेषित कर लिया गया... धर्म और दर्शन, इतिहास और परंपरा, प्रथाओं और सामाजिक संरचनाओं का यह मिश्रण, जिसकी प्रत्येक विस्तृत परत में भारत का लगभग प्रत्येक पहलू सिमटा हुआ था और जिसे ब्राह्मणवाद (बाद में प्रयोग किया गया शब्द) या हिंदू धर्म कहा गया, राष्ट्रवाद का प्रतीक बन गया। निःसंदेह यह एक राष्ट्रीय धर्म था जिसने सभी गहन प्रवृत्तियों, प्रजतियों और संस्कृतियों को अपनी ओर आकर्षित किया, जो आज सभी स्थानों पर राष्ट्रवाद का आधार है।(नेहरू 1982,138)

इसमें कुछ ऐसे निराशाजनक तत्त्व भी थे जो हिंदूवादी संवाद में भी मौजूद थे। हालांकि नेहरू ने जातिवाद की पूरे मन से निंदा की, उन्हें राजनीति में इसका दखल पसंद नहीं था। उनका विचार था कि गैर-ब्राह्मणों और दलित वर्गों द्वारा उठाई जाने वाली मांगें (जैसे आरक्षण की मांग) विभाजनकारी थी, और उन्होंने इन्हें अनदेखा करने का प्रयास किया। जाति पर अपनी ऐतिहासिक चर्चाओं में उन्होंने इसे अनिवार्य रूप से व्यावहारिक एवं संपूर्णात्मक बताया; यह स्पष्ट था कि मार्क्सवाद का उन पर जो भी थोड़ा-बहुत प्रभाव रहा हो, भारतीय समाज के बारे में उनके दृष्टिकोण में स्वार्थ की कोई भावना या विरोधाभास मौजूद नहीं था:

> अतः, जाति एक वर्ग व्यवस्था थी जो सेवाओं और कार्यों पर आधारित थी। यह, किसी आम सिद्धांत के बिना चलने वाली एक सर्व-व्यापक व्यवस्था थी जिसमें प्रत्येक वर्ग को पूरी स्वतंत्रता प्राप्त थी... समाज की संरचना, सामान्य तौर पर प्रतिस्पर्द्धात्मक और गैर-संग्रहणशील थी, इस प्रकार के जाति विभाजन से उतना

> अधिक अंतर नहीं पड़ा था, जितना अन्यथा पड़ सकता था। ब्राह्मण को उसकी बुद्धि और शिक्षा के कारण सर्वोच्च स्थान प्राप्त था जिसका दूसरे सभी लोग आदर करते थे, किंतु वह सांसारिक संपत्ति का लोभी नहीं था...

उनका कहना था कि व्यापारियों को उच्च स्थान प्राप्त नहीं था। अधिकांश जनता किसान थी जिनका भूमि पर अपना अधिकार था और वे अपनी फसल का केवल एक/छह भाग राजा या राज्य को देते थे। ''अत:, एक प्रकार से राजा से लेकर भंगी तक प्रत्येक व्यक्ति फसल में हिस्सेदार होता था' (वहीं, 252-53)।

अत:, नेहरू का समाजवाद उस अवस्था को दर्शाता है जिस अवस्था में उन्नीसवीं शताब्दी के उत्तरार्ध और बीसवीं शताब्दी के आरंभ में ''हिंदूवाद के निर्माण'' ने, भारत के सामाजिक ऐतिहासिक प्रभुत्व की ब्राह्मणवादी व्याख्या प्रस्तुत करने में सफलता प्राप्त की। यह व्याख्या केवल उन लोगों के लिए नहीं थी जो, उग्र रूप में स्वयं को हिंदू कहने में गर्व महसूस करते थे, किंतु यह उनके लिए भी थी जो ऐसी किसी पहचान से बचने में गौरव महसूस करते थे। जाति-विरोधी सुधारवादियों की चुनौती को अनदेखा करके ''हिंदू संस्कृति'' जैसी व्याख्याओं के वास्तविक अर्थ को विखंडित करने में असफल रहने पर, भारतीय वामपंथियों और प्रगतिशील संभ्रांत वर्ग ने श्रेष्ठता और प्रभुत्वशाली की ब्राह्मणवादी धारणाओं को और संभ्रांत वर्ग के शासन करने और अभिभावक की भूमिका ग्रहण करने के अधिकार को स्वीकृति दे दी। नेहरूवादी अवधारणाएं, जिनके अनुसार एक शक्तिशाली राष्ट्र ने, बाहरी तौर पर, सांप्रदायिक सद्भाव या ''धर्मनिरपेक्षता'' का लक्ष्य प्राप्त कर लिया था, आसानी से राज्यवाद के अनुकूल सिद्ध हुई जिससे भारत में औद्योगिक विकास का दौर आरंभ हुआ। पांडे के कथनानुसार,

> 1930 और 1940 के दशक तक, चारों ओर से, महत्त्वपूर्ण घटक के रूप में एक ''प्रबुद्ध'' नेतृत्त्व के महत्त्व पर बल दिया जाने लगा जो ''पिछड़ी'' जाति के लोगों की प्रगति के लिए जरूरी था... विगत काल में चंद्रगुप्त मौर्य, अशोक, अकबर जैसे महान नेताओं ने भारतीय एकता के सपने को साकार करने में महत्त्वपूर्ण भूमिका निभाई थी और वे उन विशाल राज्यों और साम्राज्यों में सफल भी हुए थे जिन्हें उन्होंने स्वयं स्थापित किया था। नेहरू और पटेल जैसे महान नेताओं ने भारत की नवनिर्मित अखंडता बनाए रखने में अपना महत्त्वपूर्ण योगदान दिया और राष्ट्र ही उनका प्रमुख साधन रहा। बीसवीं शताब्दी के उदारपंथी.. राष्ट्रवाद में दिलचस्पी लेने के अतिरिक्त कुछ नहीं कर सके। (पांडे 1990, 253-54)।

''हिंदूवाद के निर्माण'' ने हिंदू धर्म को बहुसंख्यकों के सामान्य धर्म के रूप में स्थापित किया जो औद्योगीकरण-पूर्व समाज के पिछड़े हुए किसानों से जुड़ा हुआ था। गांधी ने भी इसकी पहचान को स्वीकारा, नेहरू ने दोनों को पिछड़ा हुआ और निम्न वर्ग का माना। दोनों ने हिंदू धर्म के ब्राह्मणवादी मूल को स्वीकारा और पितृसुलभ प्रबुद्ध नेतृत्व की आवश्यकता को समझा। अंत में, ''हिंदू'' पहचान को काबू करने, इसके धार्मिक केंद्रों में निम्न जातियों की पूर्ण भागीदारी सुनिश्चित करने के लिए इसमें सुधार करने, और धर्म का उग्र और आक्रामक रूप में विकास रोकने तथा इसे भारत की राष्ट्रीय पहचान के रूप में व्याख्यायित करने में दोनों की प्रतिक्रिया असफल हुई। 1990 तक गांधीवाद और नेहरूवाद, दोनों ही जनता की निराशाओं के प्रहार झेल रहे थे और ''हिंदू राष्ट्रवाद'' के सबसे विरोधी स्वरूप का उदय हो रहा था।

तथापि, आरंभ से ही हिंदू धर्म के प्रति एक अधिक मौलिक चुनौती आकार ले रही थी। इसने औपनिवेशिक काल के दौरान आकार लिया और इसका नेतृत्व पश्चिमी भारत एक शूद्र (किसान) जाति के उग्र समाज सुधारक, जोतिबा फुले के सिद्धांतों और धार्मिक विवादों ने किया। किंतु इसकी जड़ें इससे काफी पहले, दलित-बहुजन पर आधारित समानतावादी परंपराओं के लंबे दौर में जम चुकीं थीं, जिसका आरंभ बुद्ध और श्रमनों के काल में हुआ था। अब हम भारत की अन्य महान परंपराओं पर ऐतिहासिक दृष्टि डालेंगे जिनकी उत्पत्ति ''हिंदू धर्म से पहले'' हुई।

दो

हिंदू धर्म से पहले

बौद्ध धर्म के सिद्धांत

> मठवासियों, सब कुछ जल रहा है। क्या जल रहा है? नेत्र जल रहे हैं। स्वरूप जल रहा है। नेत्रों की चेतना जल रही है। नेत्रों से होने वाला संपर्क जल रहा है। और नेत्र से संपर्क से जो उत्पन्न होता है – जिसे हम सुख, दु:ख, या न सुख न दु:ख के रूप में अनुभव करते हैं – वह भी जल रहा है। किसके साथ जल रहा है? कामुकता की अग्नि, द्वेष की अग्नि, मोह की अग्नि में जल रहा है। मैं बताता हूं कि जन्म, बुढ़ापा और मृत्यु के साथ, दु:ख, विलाप, पीड़ा, क्लेश और अवसाद में ... सभी कुछ अग्निमय है।
>
> थानीसारो भिक्कु द्वारा अंग्रेजी में अनूदित
> (देखें उप्रेती 1997, 112)

यह बुद्ध का प्रसिद्ध ''अग्नि प्रवचन'' था। निश्चित रूप से उन्होंने मानव की आध्यात्मिक अवस्था पर बल दिया; यह मनोवैज्ञानिक उपदेश था – इच्छा और लोभ मनुष्य के शत्रु थे। किंतु यह उनके काल का एक रूपक भी था। ईसा-पूर्व प्रथम सहस्राब्दी के मध्य में, समाज में उग्र परिवर्तन की ज्वाला धधक रही थी। लोहे की खोज एवं अन्य आविष्कारों से कृषि उत्पादन बढ़ रहा था। व्यापार एवं वाणिज्य प्रगति कर रहे थे। शहर बढ़ रहे थे, और नए साम्राज्य – विशेष रूप से मगध और कौशल राज्य में, जो अब बिहार में हैं- एक नया राजनीतिक ढांचा आकार ले रहा था, जो पुराने, अर्ध-आदिवासी अल्पतंत्रीय गणतंत्रों के लिए चुनौती बन गया था। लोग परिवर्तन, वाणिज्यीकरण तथा समाज में बढ़ते वर्गीकरण की पीड़ा सह रहे थे।

दास-कम्मकार (दास/श्रमिक) अतिरिक्त संभरण कर रहे थे, और शिल्पी संघ भी फल-फूल रहे थे तथा अनेक धनी व्यापारी और भू-स्वामी धनाढ्य हो गए थे। दो प्रमुख विचारधाराओं – ब्राह्मण और श्रमिक में – प्रतिस्पर्द्धा चल रही थी।

ब्राह्मण विचारधारा का अपना दार्शनिक पक्ष था, जो अधिकतर जंगलवासी संन्यासियों के बीच स्थापित था, और इसका धार्मिक पक्ष उदीयमान राजाओं के बुद्धिमान सलाहकारों के बीच मिलता था। बौद्ध एवं अन्य श्रमन प्रवृत्तियों ने अपने आध्यात्मिक ज्ञान का उन्हीं लोगों में प्रसार किया था, जिन्होंने सांसारिक इच्छाओं को त्याग दिया था किंतु वे सभी वनों में नहीं रहते थे। कुछ, जैसेकि स्वयं बौद्ध भिक्षु, वर्ष का अधिकतर समय शहरों के निकट बने मठों में बिताते थे। उनके विचारों को विकासशील व्यापारी वर्ग और अनेक श्रमिक किसानों का समर्थन मिला हुआ था। बौद्ध और जैन, दोनों की वास्तविक स्थिति यही थी; जैन धर्म, जो अधिक समय तक विदेशी अंतःक्षेत्रों में प्रचलित रहा, अधिकतर व्यापारियों का धर्म बन गया।

इस काल में जाति केवल आरंभिक अवस्था में थी, जो ब्राह्मण विचारधारा का हिस्सा थी। युवा ब्राह्मण, वसेट्ठा द्वारा यह पूछे जाने पर कि ब्राह्मण कौन हैं- वह जो सात जन्मों तक ब्राह्मण परिवार में जन्म लेता है या वह जो सज्जनतापूर्ण व्यवहार करता है, ब्राह्मण जन्म से (जाति) होता है या कर्म से (कम्म), तो बुद्ध ने अपने उत्तर में, मनुष्यों की सभी जैविक भिन्नताओं (जाति) को अस्वीकार करते हुए कहा कि व्यक्ति को उसके कर्मों से पहचाना जाता है।

एक बौद्ध जातक (कथा) में उस काल के शास्त्रार्थ का वर्णन किया गया है: एक नागा परिवार (संभवतया यह एक कबायली कुलीनतंत्र का अलंकार था) में जन्में बुद्ध ने ब्राह्मणवाद की प्रशंसा करने वाले चचेरे भाई का यह कहकर विरोध किया:

ये वैदिक अध्याय बुद्धिजीवियों के कड़े परिश्रम का परिणाम हैं,
एक ऐसा प्रलोभन, जो उन्हीं व्यक्तियों को लुभाता है, जिन्हें वह दूषित करता है....
उसने ब्राह्मणों को शिक्षित बनाया, आदेश के लिए
खट्टियों (क्षत्रियों) को उसने शासन के लिए बनाया;
वेसा (वैश्य) को खेत जोतने के लिए,
सुद्दों (शूद्रों), सेवकों को अन्यों की आज्ञा पालन के लिए बनाया;
इस प्रकार सबसे पहले उसका सर्वोच्च आदेश लागू हुआ।...'
हमने अपनी आंखों से इन नियमों को लागू होते देखा,
कोई और नहीं, केवल ब्राह्मण ही बलि देते हैं,
कोई और नहीं केवल खट्टिय ही राज्य कर सकते हैं,

वेसा हल चलाते हैं, सुद्द सबकी आज्ञाओं का पालन करते हैं।
इन झूठे लोभियों ने प्रपंच फैलाया,
और मूर्खों ने बार-बार दोहराए जाने वाले उनकी
मिथ्या कथाओं पर विश्वास किया।
आंखों वाले इस घिनौने दृश्य को देख सकते हैं,
ब्रह्मा अपने प्राणियों को सुधार क्यों नहीं देता।
पहले यहां न कोई नारी थी और न कोई नर था,
फिर मनुष्य की बुद्धि ने उसे जगाया - और फिर,
हालांकि उन्होंने बराबरी से इस दौड़ में भाग लेना शुरू किया,
पर उनकी असफलताओं ने शीघ्र उनकी भूमिकाएं बदल दीं,
पहले उनमें गुणों की कोई कमी नहीं थी,
किंतु उनकी वर्तमान गलतियों ने उन्हें पहला और आखिरी बना दिया।
ब्राह्मणों के वेद, खट्टियों की नीतियां,
दोनों स्वेच्छाचारी और धोखा थीं,
वे आंखें मूंदे एक विशाल सैलाब में अपनी राह खोज रहे थे।
(कोवेल 1907, जातक नं. 543)

समाज और राज्य की बौद्धिक कल्पना- और साथ-ही-साथ इसका आध्यात्मिक जागरण का दृष्टिकोण - ब्राह्मणवादी सिद्धांत से बहुत अधिक भिन्न थे। शासक से सदाचारी ''चक्रवर्ती'' राजा होने की अपेक्षा की जाती थी, जो धम्म चक्र का पालन करे - जो नौकरशाहों को वेतन, व्यापारियों को धन, किसानों को बीज दे और निर्धनों की सहायता करे। यह ब्राह्मणवादी राजाओं के नियमों के विपरीत था, जिनका एक प्रमुख कर्त्तव्य वर्ण-संकरों, जातियों के मिश्रण, के विरुद्ध कानून लागू करना था। आम जनसमुदाय की तुलना में संघ को विशेष अधिकार प्राप्त थे क्योंकि यही क्षेत्र ऐसा था जहां लोग समाधि लगाते थे और आध्यात्मिक ज्ञानोदय को खोजते थे। बौद्ध धर्म की महायान शाखा के आने तक यह समझ आने लगा था कि एक आम व्यक्ति भी निर्वाण पा सकता है, किंतु इसके लिए कर्मकांड के स्थान पर, उचित मानवीय संबंधों को प्रोत्साहित किया गया।

दीघ निकाय[1] के एक महत्त्वपूर्ण *सिगोलावाद सुत्तांता* में, सिगोला नामक एक युवा व्यापारी को बताया जाता है कि विभिन्न रीतियों का अनुसरण करने के स्थान

[1] *दीर्घ निकाय* या 'लंबे भाषणों का संग्रह' एक बौद्ध धर्मग्रंथ है, सुत्ता पिटक के पांच निकायों या संग्रहों में से पहला, जो कि थेरवाडा बौद्ध धर्म के पालि त्रिपिटक जो कि तीन बास्केट से बना है में से एक है।

पर, उसे ''चार मंडलों'' के एक हिस्से के रूप में अपने शिक्षकों, मित्रों, पत्नियों और दास-कम्मकारों या कर्मचारियों के साथ सही संबंध बनाए रखने चाहिए। तब ही, संबंध परिभाषित होते हैं और प्रत्येक संबंध पारस्परिक होता है। कर्मचारियों, या दास-कम्मकारों को उचित वेतन, विश्राम का समय, और सुख-साधन देने चाहिए। इसके बदले वे अपने स्वामियों का काम प्रसन्नतापूर्वक करेंगे, उनसे पहले जागेंगे, उनके बाद सोएंगे, उनकी प्रशंसा करेंगे। उद्योगों को प्रोत्साहन दिया गया; जैसे मधुमक्खी एक-एक फूल पर जाती है, उसी प्रकार संपत्ति के स्रोत को नष्ट किए बिना धन एकत्र करने की प्रणाली को अपनाया गया। लाभ को दो हिस्सों में बांटा गया - एक की बचत की गई और एक का उपभोग किया गया।

बौद्ध धर्म निश्चित और अपरिवर्तनीय रूप से जातिवाद के विरुद्ध था। इसने न केवल इसे नकारा बल्कि बौद्धिक मूल ग्रंथों में उस समय के अछूतों की, जिन्हें चांडाल कहा जाता था, अनेक प्रमुख भूमिकाएं दर्शाईं। *सुत्ता निपात्त* में वसेलासुत्ता वसेट्ठा सुत्ता का विपरीत है, जिसमें प्राचीन नायक मातंग का वर्णन किया गया है जो एक प्रतापी आध्यात्मिक नायक है, जिसके सामने अभिजात वर्ग के लोग और ब्राह्मण सिर झुकाते हैं। एक जातक में उसकी कथा को आगे बढ़ाया गया है। चांडालों को हमेशा ब्राह्मणों का शत्रु बताया गया है; उदाहरण के लिए एक कथा में, बुद्ध के सर्वप्रिय अनुयायी सारीपुत्ता ने चांडाल के रूप में जन्म लिया और एक ब्राह्मण शिष्य को सच्ची आध्यात्मिक शिक्षा प्रदान की तथा एक प्रश्न का उत्तर न देने पर उसे ''अपने पैरों पर झुकने'' को मजबूर किया (कोवैल 1895, जातक सं. 377)। कुल मिलाकर, बौद्ध धर्म ने प्रमुख रूप से, ब्राह्मणवाद के आधार पर सामाजिक व्यवस्था स्थापित करने का विरोध किया, और बौद्ध संप्रदाय में अछूतों को महत्त्वपूर्ण भूमिका प्रदान की, जिन्हें बौद्ध धर्म के पूर्ण अनुयायी न होने पर भी अक्सर आध्यात्मिक व्यक्ति के रूप में दर्शाया जाता है।

आध्यात्मिक लक्ष्य क्या थे? यह लक्ष्य थे: रागमुक्ति, समभाव, आकांक्षाओं और इच्छाओं की ''अग्नि'' से मुक्ति। *धम्मपाद*[2] के 251वें छंद में कहा गया है, ''राग के समान कोई अग्नि नहीं, पाप के समान कोई जंज़ीर नहीं, आसक्ति के समान कोई जाल नहीं, तृष्णा के समान कोई प्रलय नहीं''। इस आदर्श को बुद्ध की सहस्र प्रतिमाओं में दर्शाया गया है, जो शांत, वेदना और पीड़ा से, और साथ-ही-साथ भारी आनंद से मुक्त हैं। ये कोई तटस्थ ईश्वर प्रतिमाएं नहीं हैं, यह किसी भी प्रकार ईश्वर

---

[2] एक बौद्ध हस्तलेख जिसमें 423 पद्यों में बुद्ध द्वारा विभिन्न अवसरों पर दिए गए प्रवचनों में उनकी अनिवार्य शिक्षाओं का वर्णन किया गया है।

नहीं हैं अपितु प्रत्येक मनुष्य के लिए एक लक्ष्य को दर्शाती हैं। यह एक धर्मोपदेशक धर्म था; जैसाकि बुद्ध ने अपने अंतिम उपदेश में कहा था:

> मैं मरूंगा नहीं, ओ दुष्ट! जब तक संप्रदाय के भाई और बहनें, और जब तक दोनों लिंगों के सामान्य शिष्य सच्चे श्रोता, विवेकशील और सुशिक्षित, कुशल और ज्ञानी, धर्मग्रंथों में निपुण, बड़े और छोटे कर्त्तव्य निभाने में दक्ष, जीवन कुशल, ज्ञान के अनुसार चलने वाले नहीं हो जाते – जब तक वह स्वयं इस मत में पारंगत नहीं हो जाते, वे इसके बारे में दूसरों को बताने, उपदेश देने, इसका प्रचार करने, स्थापित करने, प्रसार करने, इसकी सूक्ष्म रूप से व्याख्या करने और इसे स्पष्ट करने में सक्षम नहीं हो जाते – जब तक उनमें, जबकि दूसरे लोग निरर्थक सिद्धांत प्रतिपादित करना शुरू करें, अपने सत्य द्वारा उसे परास्त और खंडित करने, और आश्चर्यजनक सत्य को निर्बाध रूप से फैलाने की योग्यता उत्पन्न नहीं होती! (महापरिनिरबान्ना सुत्ता, ।।, 3)[3]

बहुजन सुखाय, बहुजन हिताय वह अविस्मरणीय वाक्यांश था, जिसका बुद्ध के सामाजिक लक्ष्यों का चित्रण करने के लिए प्रयोग किया गया: सर्वव्यापक अनुकंपा, सभी का कल्याण। बुद्ध के उपदेशों का मूल सार उनके अंतिम शब्दों, अत्ता दीप भव, स्वयं अपना प्रकाश बनो, स्वयं अपने शरणागत बनो, में प्रकट होता है।

बौद्ध धर्म ने जिस सभ्यता के निर्माण में सहयोग किया, उसे आज भी उसके प्रस्तर स्मारकों में देखा जा सकता है– गुफाओं में निर्मित सूक्ष्म एवं ऐंद्रिक चित्रों में और *विहारों* में जिनका, लगभग सभी का व्यापार मार्गों में निर्माण किया गया था। यह वाणिज्य पर आधारित सभ्यता थी जिसमें भारत एक ओर ग्रीस और रोम से तथा दूसरी ओर चीन से जुड़ा हुआ था, जहां बौद्ध धर्म और विलासिता की वस्तुओं के आदान-प्रदान के लिए एक ही मार्ग बनाया गया था। बौद्ध धर्म के प्रभाव से निर्मित साम्राज्य की व्यवस्था अशोक के कार्यों में देखी जा सकती है; जिसने अपने साम्राज्य में नैतिकता के प्रसार के गंभीर प्रयास किए। अशोक के स्तंभों को अनेक स्थानों पर देखा जा सकता है।

बौद्ध धर्म किसी भी तरह एक अकेला ''धर्म'' या मत नहीं था; जैन धर्म, लोकायत भौतिकवाद, अन्य श्रमण संप्रदाय, जैसे अजीविका और शैववाद भी प्रमुख रूप से

---

[3] *महापरिनिबन्ना सुत्ता*, ।।, 33 --पाली से सिस्टर वजीरा और फ्रांसिस स्टोरी द्वारा अनूदित; 29 जुलाई 2010 को http://www.accesstoinsight.org/tipitaka/dn/dn.16.1-6.vaji.html से एक्सेस किया गया।

प्रचलित थे। किंतु अनेक संदर्भों में यह प्रधान संप्रदाय था, और इसने प्राचीन भारत की सभ्यता को आकार दिया।

बौद्ध धर्म का एक प्रमुख संदेश *अनिका* या अस्थायित्व या क्षणभंगुरता था। भारत में बौद्ध धर्म के प्रभाव अस्थायी सिद्ध हुए। यद्यपि धम्म की साधारण नैतिकता ने एक समृद्ध सभ्यता की नींव डाली, किंतु ब्राह्मणवाद भी निरंतर विकसित हो रहा था, और बाहरी हमलों से जूझने के लिए राजाओं ने आपस में मैत्रीपूर्ण संबंध बनाने शुरू कर दिए थे। अपने चरम पर पहुंचने के बाद भी, बौद्ध धर्म को कभी भी ''राष्ट्रीय धर्म'' का दर्जा नहीं मिला; भले ही राजाओं ने इसे संरक्षण दिया हो, किंतु उन्होंने हमेशा अनेकतावाद को प्रोत्साहन दिया। संघ ने स्वयं को राजनीति से अलग रखा, और संभवतया यही इसके पतन का कारण था। प्रथम सहस्राब्दी के मध्य तक ब्राह्मणवाद उत्कर्ष पर था। सर्वप्रथम, इससे एक हज़ार वर्ष पहले फैले ब्राह्मणवाद का वर्णाश्रम पर आधारित समाज का काला सिद्धांत सफल होने लगा, जिसे केवल मुस्लिम आक्रमणों ने थोड़ा-बहुत तोड़ा। लगभग आठवीं और बारहवीं शताब्दी के बीच, ब्राह्मणवाद के सहयोग से एक नए ग्राम समाज ने आकार लेना शुरू किया, जिसमें अतिरिक्त उपज को जजमानी संबंधों के आधार पर वितरित किया जाता था; प्रत्येक जाति वर्ग अपने ''कर्त्तव्य'' की प्रतिपूर्ति के हिसाब से अतिरिक्त उपज में से अपना हिस्सा ले सकता था। अछूतों को तिरस्कृत करके विशेष बस्तियों में रहने के लिए मजबूर किया गया। ''हिंदूवाद'' आकार लेने लगा, हालांकि उस समय इसका कोई नाम नहीं था।

तथापि, प्रतिरोध नहीं थमा। स्वयं इस्लाम ने समानता का संदेश दिया; हालांकि मध्यकालीन युग में यह काफी दबा हुआ था और इसके सुल्तानों और बादशाहों ने भारतीय समाज के संभ्रांत वर्ग के साथ मिलकर रहना शुरू कर दिया था, यहां तक कि उन्हें जाति नियम लागू करने में मदद की, निम्न स्तर पर सूफीवाद की शक्ति का प्रसार शुरू होने लगा जिसका लक्ष्य समानता और ईश्वर के प्रति प्रेम था। इसके तथा दलित-बहुजन जनमानस में धार्मिक प्रवृत्तियों के अंत:प्रभावों ने एक नई परिकल्पना के साथ एक नए विद्रोह की नींव डालनी शुरू कर दी – जिसे स्वच्छंद-भक्ति मार्ग कहा गया।

तीन

हिंदूवाद से पूर्व

भक्ति की अनुरागमयी धारा

उन्होंने नदी की रेत पर एक खेल रचाया है
और वैष्णव नाचने लगे, हो!
गर्व और रोष को उन्होंने अपने पैरों के तले रौंद दिया
अब एक-दूसरे के पैरों पर गिर रहे हैं वो, हो!

वे खुशी से चिल्लाते हुए नाच रहे हैं
पवित्र गीत और कीर्तियां गा रहे हैं, हो!
अंधकार-युग को चुनौती देते हुए,
जो एक दूसरे से शक्तिशाली है, हो!

ललाट पर चंदन लेप, तसबीह और मालाएं
वे गर्व से झूम रहे हैं, हो!
ढोल और मंझीरे, फूलों की बौछार
खुशियों का अनूठा पर्व मनाते हुए, हो!

संगीत में मदमस्त और मदोन्मत
भोली बहनें और मेरा भाई भी है, हो!
पंडित, ध्यानी, योगी, महानुभाव,
सभी ने असीमित तेज पाया है, हो!

वर्ण और जाति के गौरव को भुलाकर
हरेक दूसरे के आगे झुक रहा है, हो!
हृदय पिघले मक्खन-सा शुद्ध हो गया है,
अंत में पत्थर भी खुद ही पिघलेंगे, हो!

विजय का घोष आकाश को गुंजा रहा है
वैष्णव नायक अपनी शक्ति में उन्मत्त हैं, हो!
तुका कहे, तुमने आसान राह पकड़ी है,
जीवन का समुद्र पार करने को, हो!
(तुकाराम 1973, : 189)

बारहवीं शताब्दी के बाद समाज में समानता की प्राचीन परंपराओं को अभिव्यक्त करने वाले एक नए आंदोलन ने जन्म लिया। इनमें सबसे पहले लिंगायत आंदोलन का नाम दर्ज है, जिसे उत्तरी कर्नाटक में बासवान्ना ने आरंभ किया। हालांकि वह स्वयं एक ब्राह्मण था और कल्याण नामक राजा के साम्राज्य में मंत्री था, किंतु बासवा ने जनेऊ और पुरोहिती संस्कार जैसी सभी परंपराओं को त्याग दिया। इसके स्थान पर उसने शैववाद के एक विशुद्ध रूप की शिक्षा दी, जो शिवलिंग पर केंद्रित था और जिसे प्रत्येक व्यक्ति व्यक्तिगत ध्यान के साधन के रूप में ग्रहण करता था। वहां मंदिर नहीं थे- इनके स्थान पर मुक्त चर्चाओं के लिए नियत स्थान थे, घुमक्कड़ी को प्रोत्साहन दिया जाता था, और पुरुष एवं महिलाएं, दोनों ही शिवलिंग धारक होने के कारण पुरोहिती के कार्य कर सकते थे। बासवा ने ब्राह्मणवादियों द्वारा की जाने वाली ''मूर्तिपूजा'' का मजाक उड़ाया और कठोर रूप में एकेश्वरवाद का पालन किया। वास्तव में, प्रत्येक स्वच्छंदवादी भक्ति आंदोलन ऐसा ही था।

> पात्र में ईश्वर है। ओसाने वाले पंखे में ईश्वर है। सड़क पर लगे पत्थर में ईश्वर है। कंघी में ईश्वर है। प्रत्यंचा में ईश्वर है। बुशेल में ईश्वर है। और टोंटीदार प्याली में भी ईश्वर है। ईश्वर, ईश्वर, हर वस्तु में ईश्वर है और इतने ईश्वर हैं कि पैर रखने की जगह नहीं बची है। ईश्वर केवल एक है। वही नदियों को जोड़ने वाला हमारा स्वामी है (रामानुज 1973, 84)।

अंत में, इस आंदोलन ने स्पष्ट रूप से जाति और अन्य भेदभाव को अस्वीकार दिया।

इससे क्या अंतर पड़ता है कि आप किस पृष्ठभूमि से हो?
वह जो शिव का लिंग धारण करता है, वही कुलीन है!

क्या जातियों के मिश्रित होने के बाद हमें
भक्तों की पृष्ठभूमि पूछनी होगी?
कहा जाता है:
जो शिव-शिक्षा की जाति में जन्मा है, वो पुनर्जन्म से मुक्त है;
उमा उसकी माँ है, रूद्र उसका पिता है,
और शिव, वास्तव में उसके प्रियजनों को अपनी शरण में ले लेता है,
अत: मैं अवशेषों को उनकी जगह ले जाऊंगा
और अपनी पुत्री उन्हें दे दूंगा,
क्योंकि, ओ नदियां के संगम के स्वामी,
मुझे तुम्हारे भक्तों पर विश्वास है।
(शौतेन 1995, 55)

व्यावहारिक रूप में यह संप्रदाय कितना प्रभावकारी था, इसका प्रमाण तब मिला, जब बासवा ने एक दलित सदस्य के पुत्र का ब्राह्मण कन्या से विवाह करवाया। राज्य का एक मंत्री होने के बावजूद, यह एक बहुत बड़ा कदम था। उनके माता-पिता को बेरहमी से मार दिया गया; परिणामस्वरूप, राज्य में गृह युद्ध की स्थिति उत्पन्न हो गई और लिंगायत समर्थकों को राज्य से बाहर निकाल दिया गया। जब पंद्रहवीं शताब्दी में यह आंदोलन पुनर्जीवित हुआ, तो इसने अधिक समझौते का मार्ग अपनाया। इसके पश्चात् बहुत कम भक्ति आंदोलनों ने वर्ण संकरों के निषेध के कठोर जाति कानूनों को खुलकर तोड़ने का साहस किया।

तमिल स्वच्छंदवादी सिद्ध आंदोलन का काल-निर्धारण करना कठिन है; इसके सांकेतिक आंकड़े अनिश्चितता की धुंध में कहीं खो गए हैं। किंतु जाति और रूढ़िवादिता का काफी तीव्र विरोध हुआ। भक्त गीत गाया करते थे 'नृत्य करो सर्प, नृत्य करो!'', जैसाकि पमबात्ती चित्तर ने कहा था:

हम जाति विभाजन को जला देंगे
हम तात्त्विक प्रश्नों पर सरे बाजार बहस करेंगे
हम तिरस्कृत घरों के साथ संबंध बनाएंगे
हम अलग मार्गों का अनुसरण करेंगे।
(कैलासपथि 1987, 391)

और उन्होंने व्यापक रूप से मानी जाने वाली धारणाओं, जैसे पुनर्जन्म को चुनौती दी:

दूध थनों में वापस नहीं लौटता;
इसी प्रकार मक्खन कभी छाछ नहीं बन सकता;
शंख को तोड़ देने के बाद इससे शंखनाद नहीं हो सकता;
डाली से टूटा फूल या फल वापस वृक्ष पर नहीं लग सकता;
मरे हुए लोग दोबारा पैदा नहीं होते, हो ही नहीं सकते।
(वही., 401)

लगभग बारहवीं-तेरहवीं शताब्दी के आसपास, महाराष्ट्र में वरकरी आंदोलन (Varkari movement) भी आरंभ हुआ। यह आंदोलन तीर्थयात्राओं पर केंद्रित था, जिनमें हजारों, और बाद में लाखों लोग विट्ठल भगवान के दर्शनों के लिए पैदल चलकर (वारी बनाकर) पंढरपुर जाते थे। यह अपेक्षाकृत अधिक प्रमाणित आंदोलन था जिसमें हजारों संत (धर्म पुरुष) भाग लेते थे। यहां प्रस्तुत विश्लेषण में इस स्वच्छंदतावादी भक्ति आंदोलन का संपूर्ण विवरण दिया गया है, जो महाराष्ट्र में रामदास और उत्तरी भारत में वल्लभाचार्य जैसे अनुदारवादियों के आंदोलनों के बिल्कुल विपरीत था।

प्रमुख अंतर संभवतया यह था कि मध्यकालीन और आरंभिक आधुनिक काल - बारहवीं से सत्रहवीं शताब्दी - के संत गृहस्थ थे जो मजदूरी करके, और किसानों, शिल्पकारों, यहां तक कि साधारण मजूदरों का काम करके अपनी जीविका चलाते थे। यह उन रूढ़िवादियों के बिल्कुल विपरीत थे जिन्हें गणित एवं अन्य विषयों का ज्ञान प्राप्त था। सत्रहवीं शताब्दी के एक महान मराठी संत तुकाराम ने अपने एक गीत में इसी स्थिति को दर्शाया:

मेरे कोई अनुयायी नहीं हैं
जो मेरी धार्मिकता की कथाएं सुना सकें।
मैं किसी कुटिया में रहने वाला साधु नहीं हूँ
जिसे भूमि का स्वामी बनने की कोई अभिलाषा हो
मेरा ऐसा कोई कारोबार नहीं है
कि मैं मूर्ति पूजकों को रोक सकूं।
(तुकाराम 1973, 272)

इसका अर्थ है कि उनके परिवार भी थे: वे गृहस्थ-संत थे, जो भारत के इतिहास में निम्न जातियों का एक नया परिप्रेक्ष्य था। वे अपनी पत्नियों और बच्चों के साथ रहते थे और मेहनत-मजदूरी करके उनका पालन करते थे। बौद्ध धर्म का प्रमुख आदर्श भी त्याग था; बौद्ध संघ के *भिक्खु* समाज के लिए एक आदर्श (रोल मॉडल) थे। अब, समाज में आध्यात्मिकता एक नए रूप में सामने आ रही थी।

यद्यपि ब्राह्मणवाद को यह मंजूर नहीं था। संतचरित लेखक (hagiographers), जिन्होंने बाद में संतों की जीवनियां लिखीं- विशेष रूप से अठारहवीं शताब्दी में उत्तरी भारत के प्रियदास और अठारहवीं शताब्दी में ही महाराष्ट्र के महिपति की जीवनी में उन्हें असफल शिल्पकार और कारोबारी दर्शाया और उनकी पत्नियों को कुटिल स्त्री बताया। संतों, विशेष रूप से शूद्र संतों से ''गृहस्थ'' होने की अपेक्षा नहीं की जाती थी। ब्राह्मण संतचरित लेखकों ने कबीर जैसे संतों को ''दलित'' या ''मुसलमान'' मानने से इनकार किया। कबीर के संबंध में उन्होंने कहा कि कबीर का जन्म ब्राह्मण परिवार में हुआ था, किंतु उन्हें एक मुस्लिम परिवार ने गोद ले लिया था; और रविदास के मामले में उन्होंने कहा कि वह पिछले जन्म में ब्राह्मण थे, किंतु अपने गुरु को अनजाने में मांस खिलाने का ''पाप'' करने के कारण उन्हें अछूत के घर जन्म लेना पड़ा; प्रियदास के अनुसार, ईश्वर से आदेश मिलने तक उन्होंने अपनी माता का दूध पीने से भी इनकार कर दिया!

वरकरी आंदोलन बारहवीं शताब्दी में आरंभ हुआ, जिसका नेतृत्त्व नामदेव नामक दर्जी और जातिच्युत ब्राह्मण ध्यानदेव (Dnandev) ने किया। नि:संदेह उन पर लिंगायत आंदोलन का भी कुछ प्रभाव था। वास्तव में, बासवा ने स्वयं कई दशकों तक मंगावेधा (mangavedha) में चाकरी की थी, जो अब महाराष्ट्र का एक शहर है और उस समय यह कल्याण राज्य का एक भाग था। यह उस काल के एक अछूत संत, कोखामेला (Cokhamela) का गृहनगर था। किंतु इस क्षेत्र में उसके प्रभाव के कोई ऐतिहासिक प्रमाण नहीं मिलते। यद्यपि स्वयं विट्ठल (इस देवता को अक्सर नारी रूप में - विट्ठई या विट्ठू मवाली कहकर संबोधित किया जाता है और उनकी मूर्ति भी काफी स्त्री रूपी प्रतीत होती है) भी कन्नड़ मूल के थे, किंतु यह कड़ी भी अब नष्ट हो चुकी है। वरकरियों को ''विष्णुदास'' (हिंदू नहीं) के रूप में पहचाना जाता था, और संभवतया लिंगायतों की ''शैववादी'' पहचान इस संबंध को मानने में बाधा थी।

ध्यानदेव को, ब्राह्मण होने के कारण एक ''संस्थापक'' और ''विचारक'' होने का श्रेय दिया जाता है जबकि वह नामा थे, जिन्होंने उत्तरी भारत का भ्रमण किया, नामा ही के लेखों को सिक्खों के *गुरु ग्रंथ साहिब* में संकलित किया गया, वह नामा ही थे जिनसे परवर्ती उत्तरी भारत के कबीर और रविदास जैसे संत, और सिक्ख धर्म के प्रवर्तक नानक भी परिचित थे। इस प्रकार यह संबंध महाराष्ट्र से उत्तरी और पश्चिमी भारत में फैले, जबकि दक्षिणी भक्ति आंदोलन अलग-थलग रहा।

सैद्धांतिक आधार पर, स्वच्छंदतावादी भक्ति आंदोलन की निर्धारक विशेषता यह थी कि इसमें जाति और पुरोहितीय कर्मकांडों का बहिष्कार किया गया। जैसाकि नामा लिखित एक गीत में कहा गया है:

मन्नत, तपस्या या तीर्थगमन की कोई आवश्यकता नहीं है-
घर पर ही हरि नाम के जाप से संतोष करो।
तुम्हें जीवन की किसी वस्तु या भोजन का त्याग करने की आवश्यकता नहीं है,
अपनी हरेक चित्तवृत्ति को हरि के चरणों में अर्पित कर दो।
तुम्हें त्याग करने, ध्यान लगाने या यौन-संबंधों को छोड़ने की आवश्यकता नहीं है;
हरि के चरणों में तुम्हारा समर्पण ही काफी है।
नामा कहे कि अपनी जिह्वा से निरंतर हरि का नाम सुमरो,
यही तुम्हें पांडुरंग से मिला देगा।
(नामदेव 1999, रु 1371)

मूल मुद्दा था ''ना लागे'' - तुम्हें यह या वह नहीं करना है। स्वच्छंदतावादी संतों और उनके अनुयायियों ने नाच-गाकर अपनी भक्ति प्रकट की; और भले ही तब अंतर्जातीय विवाह खुलकर नहीं होते थे, किंतु उन्होंने कम-से-कम एक-साथ बैठकर भोजन करने पर बल दिया और वर्गीकरण का बहिष्कार किया।

उत्तरी भारत में इस परंपरा के सबसे अधिक दृष्टांत कबीर और रविदास में देखने को मिलते हैं; हालांकि कबीर का जन्म मुसलमान परिवार में हुआ था, उन्होंने मुल्लाओं और पंडितों पर हमले किए, वे कर्मकांडों के खिलाफ थे और उन्होंने जातिवाद पर प्रश्न उठाए।

पण्डित भूलै पढ़ि गुनि बेदा,
आपु अपनपौ जाने न भेदा।
संझा तरपन और षट करमा,
ई बहु रूप करै अस धरमा।
गाइत्री जुग चारि पढ़ाई,
पुछहु जाय मुकुति किन पाई,
अवर कै छिये लेत हौ छीचा,
तुमते कहहु कवन है नीचा।
ई गुन गरब करौ अधिकाई,
अधिकै गरब न होय भलाई।

जासु नाम है गरब प्रहारी,
सौ कस गरबहि सकै सहारी।
कुल मरजादा खोय के, खोजिनि पद निरबान,
अंकुर बीज नसाय के, नल भये बिदेही थान।।
(कबीर 1997, 35)

कबीर काफी उग्र भाषा का प्रयोग करते थे। रविदास की सामान्य कविताएं उतनी उग्र नहीं थीं; किंतु उनमें हमें काफी प्राचीन काल के आदर्श राज्य की सबसे सुंदर अभिव्यक्ति देखने को मिलती हैं। निम्नलिखित कविता 'बेगमपुरा' (दु:खविहीन नगर) से ली गई है:

बेगम पुरा सहर को नाउ।।
दूखु अंदोहु नही तिहि ठाउ।।
नां तसवीस खिराजु न मालु।।
खउफु न खता न तरसु जवालु।।
अब मोहि खूब वतन गह पाई।।
ऊहां खैरि सदा मेरे भाई।।1।। रहाउ।।
काइमु दाइमु सदा प्रतिसाही।।
दोम न सेम एक सो आही।।
आबादानु सदा मसहूर।।
ऊहां गनी बसहि मामूर।।2।।
तिउ तिउ सैल करहि जिउ भावै।।
महरम महल न को अटकावै।।
कहि रविदास खलास चमारा।।
जो हम सहरी सु मीतु हमारा।।3।।2
(हॉले एवं जुअरगेनमीर 1988, 32)

''दलित दृष्टिकोण'' के भक्ति संस्करण ने ब्राह्मणवादी हिंदू धर्म के उन पक्षों का कभी विश्लेषण नहीं किया जिसका इसने बहिष्कार किया; उन्हें इस बात में कोई दिलचस्पी नहीं थी कि जातियों और पुरोहितीय कर्मकांडों का उदय कैसे और क्यों हुआ तथा समाज में उनकी भूमिका क्या है? उन्होंने एक अन्य संभावित दुनिया के परम आनंद में रम जाने की भावना को अभिव्यक्त किया। अठारहवीं शताब्दी में पुनरुत्थानशील ब्राह्मणवाद ने इसमें पुन: सुधार किया, और नवोदित स्वतंत्र एवं

क्षेत्रीय रूप में आधारित राज्यों में इसे आगे बढ़ाया। महाराष्ट्र के पेशवा अत्यधिक रूढ़िवादी थे; रणजीत सिंह के सिक्ख साम्राज्य ने महत्त्वाकांक्षी जाट किसानों को मूल अधिकार प्रदान किए किंतु स्वयं सिक्ख धर्म में अस्पृश्यता को जीवित छोड़ दिया।

चार

ब्राह्मणवादी शोषण के रूप में हिंदू धर्म

जोतिबा फुले

> भारत की मिट्टी की अत्यधिक उर्वरता, इसकी समृद्ध फसलें, लोगों की सर्वविदित संपत्ति और इस समृद्ध भूमि को प्रदत्त अन्य असंख्य विशेषताओं, जिन्होंने हाल ही के वर्षों में पश्चिमी राष्ट्रों को अपनी ओर लालायित किया, ने आर्यों को भी अपनी ओर आकर्षित किया... मूल निवासियों को, जिनसे ब्राह्मण कहे जाने वाले इन भू-उत्पन्न देवताओं ने लड़ाई की, राक्षस कहा गया जो अनुचित नहीं था, क्योंकि वे अपनी भूमि के रक्षक थे। उनके रूप और आकार के बारे में फैलाई गई अविश्वसनीय और मूर्खतापूर्ण किंवदंतियां, नि:संदेह काल्पनिक थीं; वास्तविकता तो यह थी कि वह लोग कदकाठी में अधिक ऊंचे और अधिक बलिष्ठ थे। नई दुनिया में पहली बार अपनी बस्तियां बसाने पर, यूरोपीय उपनिवेशवादियों ने वहां के मूल अमेरिकी इंडियन निवासियों पर जिस प्रकार क्रूर अत्याचार किया था, आर्यों ने भारत आने पर यहां के मूल निवासियों पर वैसे ही क्रूर अत्याचार किए।... संक्षेप में, यही भारत में ब्राह्मणों के प्रभुत्व का इतिहास है। प्रारंभ में वे गंगा के तटों पर आकर बसे और यहीं से धीरे-धीरे पूरे भारत में फैल गए। तथापि, लोगों पर अपना अधिक नियंत्रण जमाने के लिए उन्होंने पौराणिक गाथाओं, जाति-संस्कार, और क्रूर और अमानवीय कानूनों की विचित्र प्रणाली का आविष्कार किया जिसका अन्य किसी भी देश में कोई उदाहरण नहीं मिलता। (फुले 1990, 118-20)

फुले की, मराठी में प्रकाशित पुस्तक *गुलामगिरि*, जिसकी प्रस्तावना अंग्रेजी में लिखी गई है, का भारतीय राष्ट्रीय कांग्रेस की स्थापना के वर्ष, 1885 में

प्रकाशन किया गया था, किंतु हिंदू राष्ट्रवाद के व्यापक प्रसार से काफी पहले और उग्र राष्ट्रवाद के प्रमुख प्रस्तावकों के आने से पहले ही, बाल गंगाधर तिलक को सामाजिक रूढ़िवादिता की पहचान माना जाने लगा था। वे केवल रूढ़िवादी ब्राह्मण ही नहीं थे जिन पर फुले ने तीव्र प्रहार किया था। इनमें नरमपंथी, उदारवादी और सुधारक भी शामिल थे जो प्रार्थना समाज, ब्रह्म समाज, सार्वजनिक सभा और कांग्रेस जैसे संगठनों के रूप में इकट्ठा हो रहे थे। फुले ने इन सभी को संभ्रांत वर्ग की चेष्टाएं कहा, जिनका निर्माण जनता को छलने और उच्च जाति की प्रभुता कायम करने के लिए किया गया था। उनके अनुसार, जाति प्रथा एक गुलामी थी जो उतनी ही कुचक्रपूर्ण और क्रूर थी जैसी अमेरिका में अफ्रीकियों की गुलामी थी। किंतु भारत में यह केवल जीत हासिल करने और लोगों को पराधीन बनाने पर ही आधारित नहीं थी, अपितु धोखे, ढकोसले और धार्मिक मिथ्या धारणाओं पर भी आधारित थी। यही छलावा उस धर्म का सार था जिसे उच्च जातियों ने ''हिंदू धर्म'' कहा।

जोतिबा फुले (1826–1890) स्वयं दलित नहीं थे, किंतु आज के संदर्भ में कहें तो वह एक ''समृद्ध अन्य पिछड़ी जाति'' वर्ग के माली परिवार से संबद्ध थे जिनका पारंपरिक व्यवसाय माली का था, जिन्हें मध्यम वर्ग के मराठा–कुनबिस के लोगों में वर्गीकृत किया गया था। हालांकि उनके दलित समर्थकों की संख्या काफी अधिक थी, किंतु उन्होंने प्रमुख रूप से महाराष्ट्र की मध्यम–से–निम्न गैर–ब्राह्मण जातियों के संगठन का काम किया; जिन्हें पारंपरिक रूप से शूद्र के रूप में वर्गीकृत किया गया था और जिन्हें आज भी *बहुजन समाज* कहा जाता है। उन्होंने समाज सुधारक के रूप में कार्य शुरू किया और कन्याओं तथा अछूत परिवार के लड़कों के लिए स्कूलों की स्थापना की। उन्होंने 1875 में सत्यशोधक समाज की नींव डाली; जिसने उनके तर्क को स्थापित करने के लिए गैर–ब्राह्मणों को संगठित किया, ब्राह्मण पुरोहितों के अनुष्ठानों को बंद कराने तथा बच्चों (लड़के और लड़कियां दोनों) की शिक्षा के लिए कार्य किया। उनके प्रमुख लेखन कार्यों में नाटक, कविताएं और कुछ विवादित साहित्य – ब्राह्मणवाद पर प्रहार करने वाली कविताएं, शिवाजी पर एक गीत–गाथा, और तीन पुस्तकें शामिल हैं, यथा: *गुलामगिरि*, जो प्रमुख रूप से जातियों पर केंद्रित है; *शेतकार्यचा आसुड़*, जिसमें किसानों के उत्पीड़न का वर्णन किया गया है; और सार्वजनिक सत्य धर्म, जिसमें एक नए प्रकार के आस्तिकवादी और समानतावादी धर्म का प्रारूप दर्शाने का प्रयास किया गया है।

सैद्धांतिक तौर पर भी, फुले ने शूद्रों (गैर–ब्राह्मण) और अति–शूद्रों (दलित) को एकसाथ मिलाने का प्रयास किया। उन्होंने कहा कि अति–शूद्र न केवल

अधिक उत्पीड़ित थे; बल्कि ब्राह्मणों के वर्चस्व से लड़ने के लिए उन्होंने जो पराक्रम दिखाया था उसके कारण भी उनका अधिक दमन किया गया था। सबसे महत्त्वपूर्ण उनका यह तर्क था कि शूद्र और अति-शूद्र दोनों ही दमित और शोषित जनता का प्रतिनिधित्व करते थे और उन्होंने उनकी पराधीनता की तुलना अमेरिका के मूल निवासी इंडियनों और अश्वेतों के दमन के साथ की। फुले के आक्षेप, वास्तव में, एक ऐसे मत की अभिव्यक्ति थे जो न केवल धार्मिक प्रभुत्व और विजय से, अपितु शोषण से भी संबंधित था।

फुले के मत का मूल आधार आर्य प्रजाति सिद्धांत था जो उनके समय में जातिवाद और भारतीय समाज का प्रमुख प्राख्यापक था। यूरोपीय ''प्राच्यवादियों'' ने इसे अपने आख्यानों का प्रमुख केंद्र बनाया जिन्होंने वेदों को यूरोपीय और भारतीयों के बीच की प्राचीन आध्यात्मिक कड़ी माना था; ब्रिटिश प्रशासकों एवं जनगणना करने वालों ने, अपने शासित समाज का वर्गीकरण किया था और तिलक इत्यादि भारत के संभ्रांत लोग- जिन्होंने ब्राह्मणों की श्रेष्ठता को उचित बताने के लिए इसका प्रयोग किया था, आर्य प्रजाति सिद्धांत को अपने संवाद का प्रमुख मुद्दा बनाया। फुले ने इसे सिरे से उलट दिया, ठीक उसी प्रकार जैसे मार्क्स ने हेगलवादी द्वंद्ववाद को सिरे से पलट दिया था, तथा मतभेदों और शोषण के सिद्धांत की रचना की: निश्चित रूप से ब्राह्मणों ने भारोपीयों को हराकर उपमहाद्वीप पर विजय प्राप्त की थी, किंतु वे श्रेष्ठ न होकर क्रूर और हिसंक आक्रमणकारी थे जिन्होंने मौलिक रूप से एक समृद्ध और समानतावादी समाज का विनाश कर दिया; ऐसा करने के लिए उन्होंने हर प्रकार के धोखे और हिंसा का प्रयोग किया, इसके लिए उन्होंने ऐसी पौराणिक गाथाएं गढ़ीं जो सभी से बदतर थीं क्योंकि वह सैद्धांतिक रूप में असमानता पर आधारित थीं, और उन्होंने अपनी अधीनस्थ जनता को अपने ग्रंथ पढ़ने से वंचित रखा।

पारंपरिक आर्य सिद्धांत को उलट कर फुले ने ब्राह्मणवाद और जातिवाद की अपनी आलोचना को आम जनता तक पहुंचाया। उन्होंने पौराणिक मिथकों की उग्रवादी पुनर्व्याख्या के लिए इसका प्रयोग किया, विष्णु के विभिन्न अवतारों को भारत पर विजय के विभिन्न चरणों के साथ जोड़ा और राक्षसों को लोगों के नायक के रूप में दर्शाया। इस व्याख्या के केंद्र में राजा बलि का व्यक्तित्व भी था। मिथकों को दोबारा गढ़ते हुए, फुले ने राजा बलि को महाराष्ट्र का मूल राजा बताया जो परोपकारिता, जातिविहीन और समृद्धि से पूर्ण आदर्श राज्य पर राज करता था, और क्षेत्र के लोकप्रिय देवी-देवताओं (खंडोबा, ज्योतिबा, नाइकबा, इत्यादि) को उसके अधिकारियों के रूप में दर्शाया। एक पौराणिक कथा, जिसमें एक ब्राह्मण बालक

वामन बलि से तीन वरदान मांगता है और फिर तीन कदमों से उसकी छाती नापकर उसे नरक में भेज देता है। इसे फुले ने मूल निवासियों पर चढ़ाई करने वाले आर्यों की कपट और विजय की कहानी के रूप में प्रस्तुत किया। इस पुनर्व्याख्या का लोकप्रिय संस्कृति पर गहरा प्रभाव पड़ा क्योंकि महाराष्ट्र (इसी प्रकार दक्षिण भारत के अन्य भागों, विशेष रूप से केरल) में बलि को एक जनप्रिय और ''कृषक राजा'' के रूप में पूजा जाता था और मराठी लोकोक्ति *'इदा पिदा जावो, बालिका राज्य येवो'* (बलि का शासन आने दो, परेशानी और कष्ट को जाने दो) में याद किया जाता था। इसी प्रकार, ग्रामीण क्षेत्रों के लोकप्रिय धार्मिक उत्सव गैर-वैदिक देवताओं पर केंद्रित मेले के रूप में होते थे, जिनमें सभी के (सर्वप्रसिद्ध विठोबा को छोड़कर) पुरोहित गैर-ब्राह्मण वर्ग के होते थे। फुले के, बलि राजा पर गढ़े गए वैकल्पिक मिथक ने कृषक समुदाय की छवि तैयार की; और उनके वेद-विरोधी, आर्य-विरोधी और जाति-विरोधी समानतावादी संदेश उनकी कविताओं, संवादों और नाटकों में प्रयोग किए गए, जो पढ़े-लिखे संभ्रांत लोगों की सीमाओं से निकलकर गैर-ब्राह्मणों में व्यापक रूप से लोकप्रिय होने लगे।

फुले ने केवल आदर्शवाद और संस्कृति पर ही ध्यान केंद्रित नहीं किया; उन्होंने इतिहास में वर्णित हिंसा और विजय के कारणों पर भी समान रूप से बल दिया (जिन्हें मार्क्स ने ''पूंजी का आदिम संग्राहक'' कह कर दरकिनार कर दिया था) और कृषक समुदाय को केंद्र बिंदु बनाया। सभी ऐतिहासिक प्रक्रियाओं में, वास्तव में हिंसा और बल का सबसे अधिक प्रयोग हुआ; ''आर्यों की विजय'' इस उपमहाद्वीप पर हुए अनेक हमलों और विजय की शृंखला की सबसे पहली कड़ी थी। इसके बाद मुसलमानों और अंग्रेजों ने बड़े हमले किए। यह दूसरे आक्रमणकारियों से अधिक खराब थे जिसका कारण प्रजातिवाद नहीं बल्कि यह तथ्य था कि 'ईरानी आर्यभट्टों' ने धर्मतंत्रीय और असमानतावादी धार्मिक विचारधारा का प्रयोग करके अपनी सत्ता को मजबूत किया था। ब्राह्मण शासन या भट्टशाही एक ऐसा शासन था जिसमें शोषण के लिए राज्य की सत्ता या धार्मिक प्रभुत्व का प्रयोग किया जाता था। प्रमुख शोषित वर्ग/समूह किसानों का था और प्रमुख शोषक नौकरशाह थे जिन पर उपनिवेशी शासनकाल में भी ब्राह्मणों की हुकूमत चलती थी। किसानों की फसल लूटने के लिए कर, महसूल लगाने और उनकी जमीनें हड़पने के तरीके का प्रयोग किया जाता था, जिसके साथ साहूकारी और धार्मिक कार्यों के लिए धन की जबरन वसूली की जाती थी। फुले द्वारा किया गया किसानों की निर्धनता का सजीव चित्रण, अकाल और भू-प्रयोग और आज के संदर्भ में जल संभरों का विकास जैसे मुद्दों

पर उनकी संवेदनशीलता, और वनों में व्याप्त नौकरशाही की निंदा ने उन्हें, अनेक संदर्भों में, आश्चर्यजनक रूप से आधुनिकतावादी बनाया।

फुले की विचारधारा को एक प्रकार का आरंभिक ऐतिहासिक यथार्थवाद कहा जा सकता है जिसमें आर्थिक दोहन और सांस्कृतिक प्रभुत्व एकसाथ गुंथे हुए थे। वर्ग सिद्धांत के विपरीत, समुदाय विरोधाभास का आधार बने (शूद्र-अति शूद्र किसान बनाम ब्राह्मण अधिकारी तंत्र तथा धार्मिक आदेश); संपत्ति संबंधों को बदलने के विपरीत विजय, बल प्रयोग, सत्ता के अधिकार और विचारधारा के आधार पर शासन चलाया गया।

आज फुले को महाराष्ट्र में, न केवल जाति विरोधी पक्ष द्वारा, अपितु किसानों, महिलाओं एवं ग्रामीण-आधारित पर्यावरण आंदोलनों के पक्षकारों द्वारा भी महान संस्थापक माना जाता है। महिलाओं के संदर्भ में उनकी व्यक्तिगत राय लगभग सभी सामाजिक सुधारकों एवं उग्रवादियों द्वारा दिए गए समाधानों के विपरीत थी: उन्होंने न केवल अपनी पत्नी सावित्रीबाई को शिक्षित किया और उन्हें एक कन्या पाठशाला में शिक्षिका के रूप में कार्य करने के लिए प्रोत्साहित किया; अपितु नि:संतान होने के बावजूद, दूसरा विवाह करने के सामाजिक दबाव का दृढ़ता से विरोध किया। अपने लेखों में उन्होंने महिलाओं पर होने वाले अत्याचारों और विजय के दंभ का समावेश किया (जिसमें उन्होंने प्रमुख रूप से कृषक महिलाओं के दयनीय जीवन को दर्शाते हुए, बल और हिंसा का सबसे बड़ा शिकार बताया)। तथापि, आने वाले वर्षों में और अपने समय की महान उग्र नारीवादियों, जैसे पंडिता रमाबाई और ताराबाई शिंदे से प्रभावित होकर, उन्होंने कड़ा रुख अपनाते हुए महिलाओं के उत्पीड़न के लिए पुरुष-प्रधान सत्ता को जिम्मेदार बताया। उनका कहना था कि समाज में महिलाओं पर अत्याचार करने के "दोहरे मानदंड" प्रचलित थे, जिन्हें न केवल ब्राह्मण विधवाओं की दुर्दशा में देखा जा सकता था बल्कि यह शूद्र परिवारों की पितृसत्तात्मक व्यवस्था में भी मौजूद थे; जहां महिलाओं से निष्ठावान और पतिव्रता (वह महिला जो अपने पति के प्रति पूर्ण रूप से समर्पित हो) बने रहने की अपेक्षा की जाती थी, जबकि पुरुष जितनी चाहे उतनी महिलाओं को रख सकता था।

समस्त प्रमुख दलितों और निम्न-जातियों के प्रवक्ताओं के समान, फुले ने एक धार्मिक विकल्प स्थापित करने की आवश्यकता को महसूस किया, और अपनी अंतिम लोकप्रिय पुस्तक सार्वजनिक सत्य धर्म में एक उदार और समानतावादी ईश्वरवाद का वर्णन किया, जिसमें पुरुष और महिलाओं को समान अधिकार प्राप्त हों। हिंदुओं को बहुसंख्यक मानकर उनसे संबद्ध सभी समस्याओं को अनदेखा करने के

धर्मनिरपेक्षतावाद के विपरीत, फुले ने हर मुद्दे पर हिंदू धर्म पर प्रहार किया, उसकी वैधता को चुनौती दी और उसके अस्तित्व पर प्रश्न खड़े किए। उनके लेखन की सबसे विचित्र बात थी कि उन्होंने ''हिंदू धर्म'' को धर्म मानने से ही इनकार किया: उनके विचार से यह एक वैध धर्म नहीं था अपितु अंधविश्वासों, छल-कपट और करतबों का पुलिंदा, और प्रभुत्व जमाने का हथियार था। अत: उन्होंने, सार्वजनिक सत्य धर्म में एक ऐसे आदर्श परिवार का उल्लेख किया जिसमें पिता बौद्ध हो, माता ईसाई, पुत्री मुसलमान और पुत्र सत्यधर्मी हो - जहां 'हिंदू' के लिए कोई जगह न हो (देखें *कलेक्टिड वर्क्स* 1991, 39-40)। उन्होंने ब्राह्मणों को कभी-भी केवल किसी उग्र प्रजाति की श्रेणी, या वर्ग नहीं माना जो अपरिवर्तनीय रूप से दुष्ट हो; किंतु समाज में स्वीकृति के लिए धर्म का दावा छोड़ देना चाहिए, जो उन्हें ''पृथ्वी पर देव-तुल्य'' होने का दर्जा देता था:

> जब सभी आर्यभट्ट ब्राह्मण अपने झूठे धर्मग्रंथों को फेंक देंगे, और सभी मनुष्यों के प्रति सत्य का मार्ग अपनाना शुरू कर देंगे, तब नि:संदेह सभी महिलाएं और पुरुष विधाता के प्रति श्रद्धा से नतमस्तक हो जाएंगे और आर्यों के कल्याण के लिए प्रार्थना करेंगे। (वही., 32)।

अधिकांश भारत में फुले की विचारधारा की सराहना केवल आरंभिक चरण में ही हुई। ओबीसी या अन्य पिछड़ी जातियां (पूर्ववर्ती शूद्र) बहुत धीमी गति से संगठित हुई। फुले को केवल पिछले कुछ दशकों में ही व्यापक रूप से जाना जाने लगा है। उन्होंने अपने लगभग संपूर्ण साहित्य की रचना मराठी में की थी और अपने जीवनकाल में उन्हें महाराष्ट्र से बाहर बहुत कम लोग जानते थे। काफी समय तक, निम्न जातियों में संप्रेषण तंत्र की कमी होने और संभ्रांत ब्राह्मणों के लेखन में उनकी अरुचि होने के कारण, फुले का लेखन कार्य लोगों की पहुंच से बाहर ही रहा। यहां तक कि दलितों ने भी अक्सर उनकी उपेक्षा की (एक गैर-ब्राह्मण उग्रवादी कार्यकर्ता ने एक टिप्पणी की थी, ''फुले की समस्या ये है कि उनके साथ कोई भी जाति नहीं है।'' और हालांकि अम्बेडकर ने उन्हें अपने गुरुओं में से एक माना, किंतु अम्बेडकर के लेखों में फुले का प्रभाव, वास्तव में बहुत कम देखने को मिलता है। फुले-अम्बेडकर शताब्दी वर्ष (नवंबर 1990 को फुले की पुण्यतिथि शताब्दी और अप्रैल 1991 को अम्बेडकर की जन्म शताब्दी) में तथापि, पूरे भारत में इनके प्रति रुचि में वृद्धि हुई। उत्तर भारत में कांशी राम की बसपा ने पेरियार और शाहू महाराज के साथ-साथ फुले की लोकप्रियता बढ़ाने में काफी योगदान दिया। हाल ही में, एक नारीवादी विद्वान

उमा चक्रवर्ती ने, फुले को ''ब्राह्मणवादी पितृसत्ता'' के सिद्धांत की व्याख्या करने वाला अग्रदूत बताया (देखें चक्रवर्ती 1998; 1983; 1993; 1981), जबकि सेंटर फॉर सोशल स्टडीज द्वारा सूरत में आयोजित शताब्दी वर्ष सेमिनार में जी.पी. देशपांडे ने कहा कि फुले भारतीय व्यवस्था के प्रथम निर्माता थे; जिन्होंने ''इतिहास को एक तर्कसंगत दिशा'' दी, जैसाकि हेगल ने यूरोप में किया था:

> फुले के विचारों ने सिद्ध किया कि भारतीय जनता के सामाजिक-राजनीतिक संघर्ष ने सर्वव्यापक मानदंडों को जन्म दिया। फुले ने फूकॉल्ट से काफी पहले ही ज्ञान और सत्ता के बारे में बात की। वास्तव में, फूकॉल्ट ने उत्तर आधुनिकतावादी विश्लेषण उस समय प्रस्तुत किया, जब वास्तव में यूरोप में 'इतिहास का अंत' हो गया था; जबकि फुले ने अपने ज्ञान अस्त्र से विश्व/समाज को बदलने का प्रयास किया। (फुले 1991, ix-x)।

फुले का यह कथन कि उत्पीड़ित जनता की प्रगति में ज्ञान, शिक्षा और विज्ञान सबसे बड़ी भूमिका निभाते हैं, सभी विशिष्टवर्ग सिद्धांतों के विपरीत था, जो पश्चिमी विज्ञान और पूर्वी नैतिकता के बीच संबंध स्थापित करते हैं और तर्क देते हैं कि भारत के लोग अपने भौतिक विकास के लिए पश्चिम के विज्ञान और प्रौद्योगिकी को अपनाते हुए अपनी (ब्राह्मणवादी) परंपराओं को बनाए रख सकते हैं। फुले का मानना था कि *विद्या* या ज्ञान ब्राह्मणवादी, परंपरावादी *शास्त्र* के विपरीत था और यह समानता तथा मानवीय स्वतंत्रता के साथ-साथ आर्थिक प्रगति का भी हथियार था। उन्होंने निरंतर शूद्रों और अति-शूद्रों को आगे बढ़ने और अपने निर्णय स्वयं लेने पर बल दिया, और अपने समय की वैचारिक भ्रांति पर उनकी प्रतिक्रिया आश्चर्यजनक रूप से उत्तर-आधुनिक थी:

> *सभी विचारधाराएं सड़ गई हैं,*
> *कोई इन्हें विशद रूप में नहीं देखता,*
> *क्या तुच्छ है, क्या बड़ा*
> *इसे समझा नहीं जा सकता।*
> *बाजार सिद्धांतों से भरा पड़ा है,*
> *देवता बेसुरे हो गए हैं;*
> *लोग इच्छा-पूर्ति के लोभ में*
> *इच्छाओं का शिकार बन रहे हैं।*
> *सब कुछ, सब जगह सड़ गया है;*

सत्य और असत्य की परख कठिन है;
हर जगह लोग ऐसे ही बन गए हैं।
सब ओर मतों का कोलाहल है,
कोई एक-दूसरे की नहीं सुनता;
हरेक को लगता है
उसका मत सबसे महान है।
असत्य में मिथ्याभिमान,
उन्हें विनाश की ओर ले जा रहा है-
तभी बुद्धिमानों ने
सत्य को खोजने का आदेश दिया है।
(फुले 1990, 440; गेल ओम्वेट और भरत पाटनकर द्वारा अंग्रेजी में अनूदित)

पांच

पितृसत्ता के रूप में हिंदूवाद

रमाबाई, ताराबाई और प्रारंभिक नारीवादी

> पंडिता रामाबाई के प्रयासों के फलस्वरूप लड़कियों की शिक्षा प्रारंभ हुई और अनेक विद्वान आर्य ब्राह्मणों ने, अपने पूर्वज ऋषियों की गलतियों को सुधारते हुए अपनी असहाय और अशिक्षित महिलाओं को शिक्षित करना शुरू कर दिया, किंतु महिलाओं पर निष्ठुर आर्य लेखकों के अत्याचारपूर्ण वक्तव्यों के बारे में हमारे समालोचनात्मक लेखों के परिणामस्वरूप अनेक नकारात्मक परिणाम सामने आए। प्रमुख रूप से यह कि: जब आर्य पुस्तकों की क्रूर दुष्टता भट्ट ब्राह्मणों की पुत्रियों के सामने आएगी, तो वे मंदिरों और देवताओं की दंतकथाओं का कचूमर निकाल देंगी और उनका उपहास बनाकर उन्हें अस्वीकार कर देंगी, और इसके अतिरिक्त अधिकांश ब्राह्मण परिवारों में सास और बहू के बीच निरंतर संघर्ष की स्थिति उत्पन्न होगी जिससे व्यापक तनाव उत्पन्न होगा, अनेक भट्ट ब्राह्मण अपनी पुत्रियों और बहुओं को स्कूल भेजना बंद कर देंगे और स्वाभाविक रूप से हमारी *सत्सार* पुस्तक की एक झलक भी उन्हें नहीं देखने देंगे। (फुले 1990, 372)

फुले ने उक्त कथन 1885 में दो महिलाओं, ताराबाई शिंदे और पंडिता रमाबाई पर हुए हमलों की प्रतिक्रिया में एक पर्चे पर छपवाया था। पंडिता रमाबाई 1882 में पुणे आई और यहां उन्होंने आर्य महिला समाज की नींव डाली; इसके कुछ समय बाद वह इंग्लैंड चली गई जहां उन्होंने ईसाई धर्म स्वीकार कर लिया। इसके लिए सामान्य ब्राह्मणों ने भी उनकी भर्त्सना की जिन्होंने आरंभ में उन्हें समर्थन दिया था। ताराबाई, जो सत्यशोधक समाज

में फुले के एक मराठी सहयोगी की पुत्री थी, ने 1882 में हिंदू पित्तृ-सत्तात्मक समाज पर तीव्र प्रहार करते हुए एक पुस्तक *स्त्री पुरुष तुलना* लिखी। दोनों महिलाओं को तीव्र प्रतिक्रियाओं का सामना करना पड़ा – रमाबाई को अंग्रेजी-शिक्षित ब्राह्मण बुद्धिजीवियों के विस्तृत समाज में, और ताराबाई फुले को अपने ही सत्यशोधक समाज में; फुले ने दोनों का बचाव किया (रमाबाई के लिए, देखें चक्रवर्ती 1998; कोसाम्बी 1993)।

निश्चित रूप से, फुले ने अपनी ''नारीवादी'' सोच को पहले भी अभिव्यक्त किया था; उन्होंने स्वयं अपनी पत्नी को शिक्षित किया था और कोई संतान न होने के कारण उसे तलाक देने से इनकार किया था। सावित्रीबाई, कई संदर्भों में उन्नीसवीं शताब्दी में महाराष्ट्र की पहली नारीवादी महिला थीं, जिन्होंने फुले द्वारा संस्थापित स्कूल में, उत्साहपूर्वक दलित लड़के-लड़कियों को पढ़ाने का कार्य किया, काम पर जाते समय ब्राह्मण महिलाओं की गालियों और उन पर गोबर फेंकने जैसी घटनाओं को धैर्यपूर्वक सहा। पति की मृत्यु के पश्चात् भी उन्होंने इन कार्यों को जारी रखा। अंत में प्लेग से पीड़ित रोगियों की देखभाल के दौरान, स्वयं भी प्लेग का शिकार होने से उनकी मृत्यु हो गई। अत:, आज भी उन्हें सुखी विवाहित नारीवादी महिलाओं की सबसे पहली आदर्श महिला माना जाता है।

तथापि, न तो रमाबाई और न ही ताराबाई का वैवाहिक जीवन सुखी था। उनकी कहानी नारी अधिकार के चिर-परिचित संघर्ष की कहानी थी, जिन्हें अपने समाज और परिवार में पुरुषों की सत्ता से जूझना पड़ा।

दोनों महिलाओं में पंडिता रमाबाई अधिक प्रख्यात थीं, और उन्होंने ईसाई धर्म अपना लेने के बावजूद, उस समय के ब्राह्मण बुद्धिजीवियों की कार्यप्रणाली को स्वीकार किया। उन्होंने अपने महिला संगठन को (जो नि:संदेह भारत की पहली स्वायत्तशासी संस्था थी) आर्य महिला समाज नाम दिया और अपनी प्रमुख अंग्रेजी पुस्तक में ''उच्च जाति की हिंदू महिलाओं'' के विषय पर लिखा। उन्होंने अपनी भारतीय पहचान के रूप में, अनेक ब्राह्मण आदतों, विशेष रूप से शाकाहार को जारी रखा- जो संभवतया गिरजाघरों के जातिवादी दबाव का सामना करने के लिए जरूरी था- और उन्होंने ''भारत'' की ''हिंदू'' पहचान को स्वीकार किया तथा जातियों के वर्गीकरण के आर्य मॉडल को न्यायसंगत मानते हुए कहा कि हिंदू राष्ट्र की वर्तमान अवनति का कारण महिलाओं की पर-निर्भरता और अज्ञानता ही था (रमाबाई 1887, 48)।

> नि:संदेह, ''जातियों'' का उद्‌भव श्रम के आर्थिक विभाजन से हुआ। आर्य हिंदुओं में, जो लोग सबसे अधिक प्रतिभाशाली और बुद्धिमान थे, वे स्वाभाविक रूप से संपूर्ण प्रजाति के शासक बन गए (वही, 3)।

इसके बावजूद, अक्सर मृदुभाषी पंडिता रमाबाई ने, व्यक्तिगत जीवन में हिंदू बने रहने की आवश्यकता को नकारते हुए स्पष्ट रूप से घोषित किया कि हिंदू धर्म की मूल सांस्कृतिक भावना, निश्चित और अनिवार्य रूप से नारी-विरोधी थी:

> जिन्होंने कर्मठतापूर्वक और निष्पक्ष भाव से संस्कृत के मूल साहित्य को पढ़ा है, उन्हें यह समझते देर नहीं लगेगी कि सैंकड़ों दूसरे लोगों की तरह कानून-निर्माता मनु ने भी दुनिया की नज़रों में महिलाओं को घृणा का पात्र बनाने में अपने सर्वश्रेष्ठ प्रयास किए... मैं पूरी ईमानदारी और सच्चाई से कह सकती हूं कि संस्कृत साहित्य में मैंने ऐसी कोई भी पवित्र पुस्तक नहीं पढ़ी, जिसमें महिलाओं के बारे में घृणा व्यक्त नहीं की गई हो (वही, 29)।

अत:, उनकी धर्म-परिवर्तन की घोषणा में इस बात पर बल दिया गया कि:

> ...सभी पुस्तकें, धर्मशास्त्र, पवित्र महाकाव्य, पुराण और आधुनिक कवि, वर्तमान समय के लोकप्रिय धर्मोपदेशक और उच्च-जाति के रूढ़िवादी पुरुष केवल दो बातों पर सहमत थे: उच्च और निम्न जाति की सभी महिलाएं एक वर्ग के रूप में बुरी हैं, बहुत बुरी हैं, नर-पिशाचों से भी बदतर हैं, इतनी अपवित्र और कुटिल हैं कि उन्हें पुरुषों के समान कभी मोक्ष प्राप्त नहीं हो सकता (कोसाम्बी 1992, 63 में उद्धृत)।

दूसरे शब्दों में, हिंदू राष्ट्रवाद की अधिकांश धारणाओं पर आरंभ में विश्वास करने के बावजूद, इस घुमक्कड़ और सुधारवादी ब्राह्मण-पुत्री ने, जो अपने समय में पवित्र भाषा में शिक्षा प्राप्त करने वाली अकेली महिला थी, जो स्वयं संघर्ष करके आगे आई और अपने समय के बुद्धिजीवियों के बीच सम्मान प्राप्त किया था। उन्होंने अपने अनुभव के आधार पर हिंदूवाद की मूल नीतियों की पितृसत्तात्मक कहकर भर्त्सना की। हालांकि आरंभ में उन्होंने अपना ध्यान उच्च-जाति की विधवाओं पर केंद्रित किया, किंतु 1890 के दशक के उत्तरार्ध में आए प्लेग संकट ने उनकी विचारधारा को बदल दिया। उन्होंने एक साहसिक निर्णय लिया, वह मध्य प्रदेश के सर्वाधिक प्रभावित क्षेत्रों में गई, और वहां से सैंकड़ों नि:सहाय और क्षुधा-पीड़ित लड़कियों को साथ लेकर लौटीं। अब उन्होंने जाति-संबंधी भेदभाव को छोड़ दिया; जब इन लड़कियों को पुणे के उनके *शारदा सदन* में रखना असंभव हो गया तो उन्होंने निकटवर्ती गांव, केडगांव में ज़मीन खरीदी और एक नारी समुदाय की स्थापना की जिसमें महिलाओं को शिल्प, कृषि और औद्योगिक कार्य सिखाया जाने लगा - और इस प्रकार उन्होंने एक आत्मनिर्भर आदर्श-राज्य की स्थापना की।

अत:, पंडिता रमाबाई समाज की ऐसी प्रथम महिला थीं जिन्होंने क्रियाशील समुदाय में जातिवाद-मुक्त, वर्ग-मुक्त और पितृसत्ता-मुक्त समाज की कल्पना को साकार रूप दिया।

ताराबाई शिंदे के लेख रमाबाई के लेखों से अधिक कठोर थे। उनके जीवन के बारे में हमें बहुत कम जानकारी है और पुस्तक लिखने के पश्चात् उनके साथ क्या हुआ, इस बारे में कोई जानकारी नहीं है। स्पष्ट रूप से, हम शायद यह कभी नहीं जान पाएंगे कि क्या वह अपने उन अधिकारों को प्राप्त कर पाई जिसके लिए उन्होंने स्पष्ट प्रयास किए थे, और क्या वह उन्नीसवीं शताब्दी की मराठा ज़मींदारी की चारदीवारी-बद्ध दुनिया में अपने लिए एक छोटा-सा स्थान भी बना पाईं। (समाज में ऐसे स्थान अवश्य उपलब्ध थे किंतु केवल कुछ लोगों को ही प्राप्त थे)। *स्त्री-पुरुष तुलना* उनकी अकेली ज्ञात साक्षी है, और यह उस आवाज़ की शुरूआत थी जिसे अब तक नहीं सुना गया।

> चूंकि लेखन का यह मेरा पहला प्रयास है, और अनंत मराठी प्रथाओं के कारागार में असहाय, बंदी और गूंगों की तरह कैद होने के कारण, इस लेख की भाषा अत्यधिक कठोर है। किंतु यह देखकर कि पुरुषों के अंहकार और एकपक्षीय नैतिकता के हर रोज़ दिखाई देने वाले नए-नए खौफ़नाक उदाहरणों को अनदेखा किया जाता है और सारा दोष महिलाओं पर मढ़ दिया जाता है, मेरा मन महिलाओं की स्थिति के दर्द से भर उठता है और मैं अत्यंत बेचैन हो उठती हूं। (शिंदे 1992; स्वयं अनुवाद)

ताराबाई विधवाओं पर होने वाली बहस का उल्लेख कर रही थीं जिन्हें अपने बच्चों को मारने का प्रयास करने का दोष करार दिया जाता था, और उन पर होने वाले यौन-उत्पीड़न के परिणामों को अनदेखा किया जाता था। वह केवल उन पर होने वाले अत्याचारों से ही चिंतित नहीं थीं; उन्होंने महिलाओं के लिए निर्धारित की गई संपूर्ण जीवन-पद्धति पर प्रहार किया।

> स्त्री धर्म क्या है? एक अकेले पति के प्रति अंतहीन समर्पण, उसकी मर्जी के मुताबिक काम करना। भले ही वह उसे मारता हो, गाली देता हो, वेश्या रखता हो, शराब पीता हो, खजाने लूटता हो, रिश्वत लेता हो, किंतु जब वह घर आए तो पत्नी उसकी किसी देवता की भांति पूजा करे, जैसे स्वयं श्री कृष्ण महाराज ग्वालिनों का दूध चुराकर लौटे हों... पतिव्रत को तोड़ने के लाखों कारण हैं।

इसके पश्चात् उन्होंने पुराणों के देवताओं और ऋषियों पर निंदात्मक और व्यंग्यात्मक प्रहार किए:

> अब, पांच पतियों के साथ रहने पर भी क्या द्रोपदी को काम महाराज के मनसूबों के बारे में सोचना नहीं पड़ा होगा?.... (सत्यवती और कुंती के साथ क्या हुआ?) एक को अपने शरीर से दुर्गंध दूर करने के लिए एक ऋषि की सनक के आगे झुकना पड़ा और दूसरी ने एक मंत्र का पालन किया! कैसे विचित्र देवता थे! कैसे विचित्र ऋषि थे! (वही, 6)

स्त्री-पुरुष तुलना ने एक विस्तृत और कटु विवाद का रूप ले लिया। यह सैद्धांतिक विश्लेषण के आधार पर हिंदू धर्मग्रंथों की तर्कसंगत व प्रत्यक्ष आलोचना नहीं थी, किंतु आम बोलचाल की भाषा में किया गया व्यंग्यात्मक प्रहार था। वास्तव में, अनेक मजदूर वर्ग की और किसान महिलाएं अपनी चिर-परिचित कथाओं के बारे में इसी भाषा में बात करती थी। *रामायण* और *महाभारत* अधिकांश के जीवन का हिस्सा थे किंतु इससे वह, अनिवार्य रूप से किसी धर्म का हिस्सा नहीं बन जाती थीं जैसा कि उभरते हुए हिंदूवाद के प्रवक्ताओं ने दर्शाया। जब ब्राह्मणवादी विचारकों ने इन व्याख्यानों को धर्मग्रंथों का रूप देना शुरू किया तो ताराबाई और रमाबाई जैसी महिलाओं ने उन पर प्रहार किया और उन्हें अस्वीकार कर दिया। रमाबाई ने विभिन्न मानवीय संबंधों से एक अलग प्रकार का संस्थानिक ढांचा तैयार करने का प्रयास किया और अपना पूरा जीवन उच्च (और निम्न) जाति की विधावाओं की सेवा में बिता दिया, जिनकी स्थिति उस समय की महिलाओं की भीषण दुर्दशा को दर्शाती थी। ताराबाई, जो अधिक कुछ करने की स्थिति में नहीं थी, ने पितृसत्ता की संरचना पर कटु शब्दों में प्रहार करते हुए अपना विद्रोह अभिव्यक्त किया:

> सावित्री नाम की एक महिला अपने पति का जीवन बचाने के लिए यमराज के दरबार में चली गई थी। किंतु यमराज के दरबार की तो बात ही छोड दें, क्या आपने कभी किसी ऐसे पुरुष के बारे में सुना है जो एक कदम भी इस रास्ते पर चला हो? जब कोई महिला अपनी पवित्रता खो देती है तो उसे अपराधी की तरह अपना मुंह छिपा कर पूरा जीवन अंधेरों में गुजारना पड़ता है, क्या आपको अपनी पत्नी की मृत्यु हो जाने पर, दाढ़ी-मूंछ मुंडाकर बाकी जीवन बैरागी की तरह बिताना पड़ता है? यदि किसी होशियार और चतुर देवता ने आपको अपनी पत्नी की मृत्यु के बाद दसवें ही दिन दूसरी औरत ले आने का प्रमाणपत्र दे दिया हो, तो वह मुझे भी दिखा दें! (वही., 8)

उन्नीसवीं शताब्दी में, ताराबाई और रमाबाई जैसी महिलाओं ने, अपने अलग-अलग तरीकों से उस विषय के विरुद्ध आवाज़ उठाई जिसे पार्थ चटर्जी ने ''महिलाओं के प्रश्न का राष्ट्रवादी समाधान'' कहकर वर्णन किया है। यह भौतिक और सांस्कृतिक

दायरों को अलग करने और महिलाओं को परिवार, उसकी नैतिकता और आध्यात्मिक तत्त्व का संरक्षक बनाने पर आधारित था:

> राष्ट्रीय संस्कृति के विशिष्ट आध्यात्मिक सार को बनाए रखकर और उसे अधिक मजबूती प्रदान करते हुए, आधुनिक पश्चिमी सभ्यता की भौतिक तकनीक को संवर्धित करने की आवश्यकता थी (चटर्जी 1989, 238)।

''पूर्व की नैतिकता और पश्चिम के विज्ञान'' के समाधान में, हिंदू सुधारवादी और हिंदू राष्ट्रवादी के बीच कोई गुणात्मक अंतर नहीं था। यह उन महिलाओं के लिए काफी नहीं था जो चाहती थीं कि उन्हें भी पूरी तरह से इंसान समझा जाए, क्योंकि उनका दमन ''पूर्व की नैतिकता'' के कारण हुआ था। (''पश्चिमी नैतिकता'' में भी ऐसा ही हुआ था या नहीं, यह एक अलग मुद्दा था; वास्तव में, यदि हम स्पष्ट तौर पर रमाबाई का उदाहरण लें, तो धर्म-परिवर्तन के बाद स्वयं रमाबाई का महिलाओं के प्रति आचरण के संदर्भ में अपने ईसाई मार्गदर्शकों से भी कई बार मतविरोध हुआ था।)

आर्यसमाजियों के विपरीत, महिलाओं की वर्तमान स्थिति को रमाबाई केवल मात्र ''विकार'' के रूप में नहीं देखती थी। ब्रह्मसमाजियों और गांधीजी जैसे पुरुषों के विपरीत, वह वेदों और उपनिषदों के आदर्शवादी संस्करणों का सहारा लेकर यह विश्वास नहीं कर सकती थीं कि हिंदू अध्यात्मवाद के ''सार'' को अनावश्यक जातिवाद और पितृसत्तावाद से बचाया जा सकता है। फुले और उत्तरकालीन आक्रामक दलितों के समान समाबाई ने हिंदू धर्म का परित्याग किया। इसी प्रकार, ताराबाई स्वयं को तुच्छ माने बिना, ऋषियों और देवताओं को ईश्वरत्व का प्रतीक नहीं मान सकती थी। तब, यह कैसे संभव था कि आने वाले समय की अत्यधिक प्रतिष्ठित महिला सक्रियतावादियों ने इस विषय पर समझौता किया। इसका उत्तर यही है कि आंशिक रूप से उन्हें ऐसा करने के लिए मजबूर किया गया: छोटे लाभ पाने के लिए समझौता ही एकमात्र उपाय था।

उन्नीसवीं शताब्दी के उत्तरार्ध में जब हिंदू राष्ट्रवाद की लहर ने उच्च जातियों के सामान्य सामाजिक सुधारवादियों को पीछे हटने को मजबूर कर दिया, तब नारी आंदोलनों ने धीरे-धीरे संगठित रूप ले लिया। यह 1920 के दशक में कुछ स्वायतत्ता के साथ उभरा और अखिल भारतीय महिला कांग्रेस और ऐसे ही अन्य संगठनों की स्थापना हुई। उच्च जाति और संभ्रांत महिलाओं के यह संगठन हिंदू संरचना के भीतर रहकर काम करते थे। उन्होंने सीता और सावित्री को पुरुषों के दमन का प्रतीक नहीं, अपितु महिलाओं का आदर्श बताया। उन्होंने वैदिक काल में महिलाओं

की स्वतंत्रता को सराहा और पर्दा तथा अन्य बुराइयों का, स्वयं मुसलमानों के कारण नहीं, बल्कि मुस्लिम आक्रमण के कारण उत्पन्न हुई सामाजिक परिस्थितियों का परिणाम बताया। उन्होंने एक नए हिंदू कोड बिल के लिए संघर्ष किया (जिसे बाद में कुछ हद तक लागू किया गया) जिसमें संपत्ति और तलाक जैसे संवेदनशील क्षेत्रों में महिलाओं को समान नहीं, तो ठोस अधिकार देने की मांग की गई थी। किंतु उन्हें यह जानकर संकोच हुआ कि ड्राफ्टिंग कमेटी का अध्यक्ष अम्बेडकर, एक दलित था; और उनके पास रूढ़िवादियों द्वारा सड़कों पर किए जा रहे प्रदर्शनों को रोकने के लिए कोई संगठन नहीं था। इसके अतिरिक्त, मुसलमान महिलाओं को बिल में शामिल न करके, उन्होंने एक खतरनाक विरासत छोड़ दी थी जिसने बाद के वर्षों में सामुदायिक भावनाओं को प्रेरित किया (देखें एवरेस्ट, 1981)।

किसान महिलाओं के अभियान चलाने के अपने अलग तरीके थे, जिन्होंने परंपराओं की अधिक सक्रिय रूप में पुनर्व्याख्या की, किंतु अक्सर वे महिलाओं के लिए संगठनों का निर्माण करते समय हिंदू संस्कारों के दायरे में सीमित रहे। कपिल कुमार ने अवध किसान सभा में बाबा रामचंद्र (महाराष्ट्र का एक ब्राह्मण) के समर्थन से जग्गी (एक कुर्मी) के नेतृत्त्व में महिलाओं के एक अभियान का वर्णन किया है। इसके परिणामस्वरूप किसानिन सभा नामक एक महिला मोर्चे की स्थापना हुई, जो महिलाओं को भूमि अधिकार देने और पुरुषों के बहुविवाह रोकने तथा पारिवारिक संबंधों में सुधार पर केंद्रित था। फुले के समान, किसानिन सभा ने एक-पत्नी विवाह पर बल दिया। इसके नियमों में कहा गया था कि सभी संबंधों को कानून-सम्मत माना जाना चाहिए और संतान उत्पन्न न करने वाली महिलाओं को भी सम्मान दिया जाना चाहिए (कुमार 1989, 351)। इसके अतिरिक्त, स्थानीय धार्मिक परंपरा (जैसे सफल होने पर गांव की देवी के लिए यज्ञ करना) का प्रयोग करने के लिए भी परंपराओं की पुनर्व्याख्या की गई थी। अत:, राम को बनवास देने के लिए केकैयी की सराहना की गई और सीता को ऐसी महिला के रूप में दर्शाया गया जिसने अपनी मर्जी से वनवास चुना: "क्या राम ने सीता को उसके साथ वन में आने के लिए मना नहीं किया था किंतु सीता ने अपनी इच्छा से वन में जाने का निर्णय लिया?" (वही., 363; जग्गी के साथ एक साक्षात्कार से उद्धृत)

इस बात के बहुत कम ऐतिहासिक प्रमाण मिलते हैं, तथा यह बताने के बहुत कम प्रयास किए गए हैं कि इस काल में श्रमिक वर्ग की महिलाओं और किसान महिलाओं के बीच वास्तव में क्या संवाद या कार्य हुए होंगे; जबकि उनकी संभ्रांत बहनें पुरुषों द्वारा निर्मित हिंदू राष्ट्रवाद के मार्ग पर चल रही थी जो चाहे हिंदू राज से संबंधित था

या राम राज से। सुमंता बनर्जी बताते हैं कि उन्नीसवीं शताब्दी के कलकत्ता में निम्न वर्ग की महिलाओं की संस्कृति दर्शाने के लिए क्या किया जा सकता था। उन्होंने खियूर के बारे में लिखा, यह राधा-कृष्ण के प्रसंग पर रचा गया एक लोकप्रिय गीत है जो एक व्यंग्य-नाटिका के रूप में विकसित हुआ। उन्होंने अम्बालिका के विद्रोह का उदाहरण देते हुए बताया कि जब माता सत्यवती ने बच्चे के जन्म के लिए व्यास से संभोग करने को कहा तो अम्बालिका ने कैसे विद्रोह किया:

लोग कहते हैं
लड़की के रूप में तुम नदी में एक नौका चलाती थी।
तुम्हारी सुंदरता देखकर, तुम्हारे कमल-नयनों से प्रभावित होकर,
महान पाराशर तुम पर मोहित हो गए, और
चारों ओर शोर मच गया:
ऐसा तुम एक बार कर चुकी हो,
अब तुम्हें काहे का डर है,
अब तुम जब भी चाहो ऐसा कर सकती हो,
कोई कुछ नहीं कहेगा।
यदि ऐसा करना ही है, तो
तुम क्यों नहीं कर लेती माते?
(बनर्जी 1981, 138-139)

निम्न वर्ग की अनेक महिलाओं ने ऐसे कथनों का प्रयोग किया। इसी प्रकार के तीक्ष्ण संवादों का प्रयोग 1920 के दशक में महाराष्ट्र में सत्यशोधक तमाशा में भी किया गया और भारत के अधिकांश भागों की तमाशा संस्कृति में इसी प्रकार के संवादों का प्रयोग होता था। अम्बालिका गीत की तर्कपूर्ण शैली (यदि आपको लगता है कि यह इतना बढ़िया काम है, तो आप स्वयं करें) निम्न जाति के पुरुषों और महिलाओं के लिए स्वाभाविक थी। एक शताब्दी पश्चात् इसका प्रयोग बहुत भिन्न संदर्भ में, दलित पैंथर की स्थापना के समय किया गया जिसने मुंबई के बुद्धिजीवी वर्ग में तहलका मचा दिया। बात उस समय की है जब नामदेव देसाई की कविता *गोलपीठा* का पाठ हो रहा था, जो मुंबई के "देह व्यापार" के इलाके पर केंद्रित है। एक प्रमुख मराठी लेखक ने कहा था, "वेश्याओं का काम समाज की जरूरत है, अत: उनका सम्मान करना चाहिए", तब एक पैंथर कवि राजा धुले ने इसका उत्तर देते हुए कहा था, "यदि दुर्गाबाई को लगता है कि इस काम का सम्मान करना चाहिए, तो वह स्वयं ऐसा क्यों नहीं करती?"

प्रारंभिक नारीवादियों, रमाबाई और ताराबाई जैसी महिलाओं और उनके पुरुष सहयोगियों के सशक्त आलोचनात्मक लेखों में पितृसत्ता और कामुकता जैसे अत्यंत महत्त्वपूर्ण विषयों पर ध्यान केंद्रित किया गया और पतिव्रता के दोहरे मापदंडों पर प्रहार किया गया। अनेक महिलाओं ने एक-विवाह का समर्थन किया और अन्य महिलाओं ने लैंगिक मापदंडों का उपहास करने के लिए दंतकथाओं और पौराणिक गाथाओं का प्रयोग किया, तथापि सुधारकों और उग्र-सुधारवादियों ने, प्रकट रूप से, लैंगिक स्वतंत्रता के कोई दावे नहीं किए। बाद में, उपनिवेश काल के दौरान महिला आंदोलनों के नेताओं ने कांग्रेस संगठनों में अंतर्निहित हिंदू सुधारवादी संस्कृति का समर्थन किया और ऐसा करते हुए ब्राह्मणवादी पितृसत्ता के बुनियादी ढांचे को स्वीकार किया। किंतु रमाबाई और ताराबाई जैसी प्रारंभिक नारीवादी महिलाएं, उन सभी निम्न वर्ग और किसान महिलाओं के सामान्य आचरण को भलीभांति समझती थीं, जो पुराणों को कहानियों के रूप में मानती थीं, धर्मग्रंथों के रूप में नहीं, उनका मानना था कि महिलाएं देवी-देवताओं के आदेश से निर्मित मानव संबंधों को नहीं अपितु पुरुषों द्वारा दमन के अनेक पहलुओं को दर्शाती थीं।

फुले के उस विश्वास का क्या हुआ जिसमें कहा गया था कि शिक्षा प्राप्त कर लेने पर ब्राह्मण महिलाएं भी शास्त्रों को फेंक देंगी? कुछ के लिए नि:संदेह ऐसा हुआ भी था। किंतु, आशा के विपरीत, शिक्षा पितृसत्ता समाप्त करने में सफल नहीं हुई, शायद इसलिए कि स्वतंत्र भारत में शिक्षा के उद्देश्य सीमित होकर रह गए, जिसमें केवल रटने पर अधिक ध्यान दिया गया, और जिसे ब्राह्मणवादी हिंदूवाद के ढांचे के आधार पर तैयार किया गया है।

छह

आर्य विजय के रूप में हिंदूवाद

1920 के दलित अतिवादी

समाज के दलित और शोषित वर्ग-किसानों, दलितों, महिलाओं और निम्न जातियों, जिन्हें फुले ने शूद्र और अति-शूद्र कहा, को विभिन्न नेताओं और विभिन्न विचारधाराओं के तहत, 1920 और 1930 के दशक में बड़ी संख्या में लामबंद किया गया। उन्होंने राष्ट्रीय अभियानों में भाग लिया, उनमें से कुछ ने मसीहा कहकर गांधी का जय-जयकार किया; उन्होंने संघों और किसान सभाओं का आयोजन किया; उन्होंने आंदोलन किए, मालगुजारी के विरोध में और राजस्व/कर बहिष्कार के लिए अभियान चलाए; उन्होंने वनवासियों और ग्रामवासियों के लिए संघर्ष किए। यह प्रथम विश्व युद्ध और रूसी क्रांति के पश्चात् का युग था जब जनता इतिहास के मंच पर खड़ी होने लगी थी।

भारत में, नि:संदेह जाति-उत्पीड़न के विशिष्ट मामलों को अनदेखा नहीं किया जा सकता। 1920 के दशक में निम्न जाति के अनेक कार्यकर्ता, गैर-ब्राह्मणों और दलितों के रूप में संगठित होने लगे और जाति-विरोधी, ब्राह्मण-विरोधी और फुले द्वारा रचित हिंदू-विरोधी सिद्धांतों की ओर आकर्षित होने लगे। चूंकि महाराष्ट्र से बाहर के बहुत कम लोगों ने ही फुले के बारे में सुना था, अत: संभवतया, ''गैर-आर्य'' आंदोलन के सबसे प्रबल प्रवर्तक के रूप में तमिल गैर-ब्राह्मण आंदोलन का प्रभाव सबसे अधिक था। यह आंदोलन इतने व्यापक थे कि इन्होंने हर जगह जनता के मन पर गहरी छाप छोड़ी। संभ्रांत वर्ग द्वारा ''आर्य'' संवाद के प्रयोग से हुई सामान्य प्रतिक्रिया ने संभ्रांत वर्ग को अपने इस संवाद में महत्त्वपूर्ण संशोधन करने को मजबूर

कर दिया। महाराष्ट्र और तमिलनाडु के गैर-ब्राह्मण आंदोलन और पंजाब तथा कर्नाटक जैसे सुदूर स्थानों पर हुए दलित आंदोलन, सभी ने आर्यों की विजय और धर्म के माध्यम से ब्राह्मणों द्वारा किए गए शोषण का विरोध शुरू कर दिया।

1920आदि में अधिकांश दलितों ने अपनी नई पहचान बनानी शुरू की - पंजाब में आद-धर्म (Ad-Dharm), उत्तर प्रदेश और हैदराबाद में आदि-हिंदू, दक्षिण भारत में आदि-द्रविड़, आदि-आंध्रा और आदि-कर्नाटक- सभी ने सामान्य रूप से मूल निवासी होने का दावा किया। इसका दृष्टांत शीघ्र ही महाराष्ट्र में देखने को मिलता है, जहां अम्बेडकर से पूर्व एक दलित नेता, किसन फगूजी बनसोडे (1870-1946) ने 1909 में अपनी जाति के हिंदू मित्रों को चेतावनी देते हुए कहा था कि:

> आपके पूर्वजों - आर्यों ने - हम पर विजय हासिल की और हमें असहनीय कष्ट दिए। उस समय जब हम तुम्हारे अभिजिति(conquest) थे, तुमने हमारे साथ गुलामों से भी बदतर व्यवहार किया और हमारा मनचाहा उत्पीड़न किया। किंतु अब हम तुम्हारे अधीन नहीं हैं, तुम्हारे साथ कोई हमारा कोई कार्य-संबंध नहीं है, हम तुम्हारे गुलाम या दास नहीं हैं... हम हिंदुओं के हाथों काफी यंत्रणा और उत्पीड़न झेल चुके हैं। (भगवत 1980, 297)

बनसोडे जो एक शिक्षक और पत्रकार थे, नागपुर में उत्पन्न हुए शिक्षित महार नेताओं की एक पीढ़ी का नेतृत्व करते थे, जहां महारों के पास प्राय: कुछ जमीनें होती थी; और वहां के उभरते हुए वस्त्र उद्योग में चालीस प्रतिशत कर्मचारी महार थे। बनसोडे ने, अन्य अनेक क्षेत्रीय महार नेताओं के समान, इन मुद्दों को छोड़ दिया और महार संत चोकामेला (Chokamela) के भक्त के रूप में हिंदू धर्म का समर्थन शुरू कर दिया। अम्बेडकर को विदर्भ में अपने नेतृत्त्व की स्थापना के लिए, वास्तव में इस समूह से लड़ना पड़ा (देखें ओम्वेट 1994, अध्याय 3)। तथापि, 1920 के दशक तक, भारत के अनेक क्षेत्रों में नए दलित और ''आदि'' आंदोलन होने शुरू हो गए जिन्होंने सैद्धांतिक रूप से, भारत की समानतावादी परंपरा के ''गैर-आर्य'' या ''मूल भारतीय'' के उत्तराधिकारी होने का दावा किया।

आंध्र में, जहां इस प्रक्रिया को मद्रास प्रेज़ीडेंसी के उग्रवादी द्रविड़वाद ने प्रभावित किया था, वहां के व्यावसायिक तटीय क्षेत्रों में एक घुमंतू दलित कृषि श्रमिक वर्ग और एक छोटे शिक्षित वर्ग का प्रादुर्भाव हुआ। 1917 में विजयवाड़ा में दलितों का एक प्रस्तावित सम्मेलन, जो सुधारवादी हिंदुओं द्वारा प्रायोजित था, जिसे प्रथम प्रादेशिक पंचमा महाजन सभा कहा गया था किंतु विद्रोह की भावना प्रबल होने पर इसका नाम इस आधार पर आदि-आंध्रा महाजन सभा में बदल दिया गया कि 'तथाकथित

पंचमा इस धरा के मूल निवासी थे और देश पर शासन करते थे' (गौतम 1976, 67 में उद्धृत)। दलितों का रुख आक्रामक हो रहा था; इस सम्मेलन के दौरान शहर के मंदिरों को तीन दिन के लिए बंद कर दिया गया। उसके डेढ़ दशक से अधिक समय के बाद, जब तक कि उन्हें ''हरिजन'' के रूप में कांग्रेस और कम्युनिस्ट आंदोलनों में शामिल नहीं कर लिया गया, आंध्रा के तटीय प्रदेशों में रहने वाले दलितों ने आदि-आंध्रा के रूप में सम्मेलन आयोजित किए। 1931 की जनगणना के अनुसार, मद्रास प्रेज़ीडेंसी के एक-तिहाई मालाओं और मडिगों ने अपनी पहचान आदि-आंध्रा बताई थी।

विजयवाड़ा सम्मेलन की अध्यक्षता भाग्यरेड्डी वर्मा (1888-1939) ने की, जो एक हैदराबादी दलित था जिसका मूल नाम मदारी भागइयाह था और वह 1912 से आदि-हिंदू सम्मेलनों का आयोजन कर रहा था। हैदराबाद में एक शक्तिशाली, यद्यपि गुटों में बंटा एक छोटा-सा बुर्जुआ दलित वर्ग भी मौजूद था, जिसने 1920 से आदि-हिंदू की पहचान धारण करनी शुरू कर दी। 1930 में राज्य की जनगणना ने एक जोरदार सांस्कृतिक विवाद को दर्शाया:

> आदि-द्रविड़ एजुकेशनल लीग का कहना था कि, आदि-द्रविड़ों के इतिहास, दर्शनशास्त्र और सभ्यता के आकलनों के अनुसार, दमित वर्गीय दक्कन की आदिवासी जातियां, एक समुदाय के रूप में वैदिक धर्म के हिंदू कहे जाने वाले अनुयायियों से पूरी तरह भिन्न और अलग हैं। लीग का तर्क था कि हिंदू धर्म हिंदुस्तान के आदिवासी जातियों, का पैतृक धर्म नहीं था; कि भारत के गैर-वैदिक समुदायों को हिंदू कहलाने पर आपत्ति थी क्योंकि परंपरागत रूप में वे मनुस्मृति और ऐसे ही अन्य धर्मग्रंथों की शिक्षाओं से घृणा करते थे, जिन्होंने पिछली कई शताब्दियों से स्वयं को हिंदू जाति से अलग रखा था; कि जिस वैदिक धर्म का आर्यों ने अपने आक्रमण के बाद प्रचार किया था, उसे गैर-वैदिक आदिवासी जातियों, ने सक्रिय रूप से अपना लिया था, और हिंदू धर्म से प्रभावित आदि-निवासियों ने धीरे-धीरे और अर्ध-जागरूकता के कारण से हिंदू विचारधारा और पूर्वधारणाओं को अपना लिया। (*भारत की जनगणना* 1933, 258)

अतः हैदराबाद में तमिल दलितों ने अपनी पहचान आदि-द्रविड़ बताई। तेलुगू-भाषी दलितों ने स्वयं को आदि-हिंदू कहा, किंतु उनके एक बड़े वर्ग ने इसे आक्रामक और ब्राह्मण-विरोधी व्याख्या दी। इस समूह का एक प्रमुख व्यक्तित्व भाग्यरेड्डी वर्मा था, जिसने बाद में बौद्ध धर्म अपनाया और अतिवादियों (Radicals) की युवा पीढ़ी को मौन समर्थन दिया, जो बाद में अम्बेडकर के अनुयायी बने। दूरस्थ उत्तर प्रदेश

में भी, जहां वर्मा सम्मेलनों में भाग लेने गए, एक नई अतिवादी पहचान का उद्‌भव हुआ। इसका प्रमुख विचारक मैनपुरी जिले का एक दलित योगी था, जो कुछ समय तक आर्य समाज का सदस्य रहा था। आर्य समाज से घृणा हो जाने के कारण उसने इसे छोड़ दिया और आदि-हिंदू पहचान के आधार पर उसने दलितों को संगठित करना शुरू कर दिया। स्वयं को अछूतानंद कहने वाले, उस विद्रोही का तर्क था:

> अछूत लोग, तथाकथित हरिजन, वास्तव में आदि-हिंदू हैं, अर्थात् उपमहाद्वीप में उत्तर के मूल या स्थानिक नागा या दास तथा दक्षिण के द्रविड़ हैं, और वे भारत के अविवादित, दिव्य स्वामी हैं। आर्यों सहित अन्य सभी लोग इस प्रदेश पर बाहर से आने वाले अप्रवासी हैं जिन्होंने मूल निवासियों को अपने पराक्रम से नहीं, बल्कि छल-कपट से जीता... दूसरों के अधिकार छीनकर, शांति प्रिय लोगों को अपने अधीन बनाकर, और स्वावलंबी लोगों को निर्धन और दास बनाकर। प्रबल रूप से समानता में विश्वास रखने वाले इन लोगों को निम्नतम दर्जा दिया गया। तभी से हिंदू और अछूत एक-दूसरे से कोसों दूर होते चले गए। (खरे 1984, 85 में उद्‌धृत; लिंच 1969 भी देखें)

पंजाब में, मंगू राम नाम के एक दलित ने, जो मूल रूप से आर्यसमाजी था, 1926 में एक आद-धर्म आंदोलन चलाया जिसमें, होशियारपुर जिले के एक गांव में आयोजित एक सम्मेलन में दलितों ने स्वयं को एक अलग कौम(समुदाय) घोषित किया। आर्यों की विजय का आद-धर्म मंडल की एक रिपोर्ट में निम्नलिखित वर्णन किया गया:

> महान उपलब्धियों के काल में, आर्यों ने इस देश की मूल सभ्यता के बारे में सुना और वे यहां आए। उन्होंने स्थानीय निवासियों से युद्ध कला सीखी और फिर उन्हीं के शत्रु हो गए। यहां कई युद्ध हुए- छह सौ साल तक युद्ध चले- और अंत में आर्यों ने यहां के स्थानीय निवासियों हमारे पूर्वजों को हरा दिया। हमारे पूर्वजों को ... जंगलों और पहाड़ों पर खदेड़ दिया गया... तब से आज तक हिंदू आर्यों ने मूल निवासियों को दबाकर रखा है। (जूरगंसमिएर 1982, 296)

एक बार फिर पहचान के सरकारी रिकॉर्ड का मुद्दा सामने आया। 1931 की जनगणना में, आद-धर्मियों की संख्या लगभग 500,000 बताई गई थी।

मंगू राम, अछूतानंद, भाग्यरेड्डी वर्मा और किसन बनसोडे सभी एक पीढ़ी के और अम्बेडकर से बड़े थे। उन्होंने एक नए आंदोलन का प्रतिनिधित्व किया। वे आंदोलन खड़ा कर सके क्योंकि गांवों में बसे अछूत भी कुछ गतिशील होने लगे थे और उन तक शिक्षा की पहुंच हो चुकी थी। कुछ लोग नए कारखानों और उद्योगों में काम

करने चले गए जिनका ब्रिटिश शासन में सीमित औद्योगीकरण के अंतर्गत निर्माण हो रहा था। कुछ विदेशी बागानों में काम करने के लिए श्रीलंका, बर्मा, मलेशिया या सुदूरवर्ती वेस्ट इंडीज़ चले गए। कुछ भारतीय सेना में भर्ती हो गए, जिससे उन्हें नई हैसियत और भौतिक तथा सामाजिक गतिशीलता (social mobility) मिली। इन सबके कारण उनमें नई चेतना का और अपने अधिकारों के प्रति जागरूकता का संचार हुआ। अन्यों ने पारंपरिक ग्राम सेवा के दावों से छोटी जोत-भूमि प्राप्त करके अथवा कारखानों या अन्य प्रकार की आय से थोड़ी-बहुत समृद्धि प्राप्त कर ली। अब दलित संगठनों का नेतृत्त्व प्रगतिशील, जो यद्यपि अल्प संख्या में थे, शिक्षित या अर्ध-शिक्षित नेताओं के हाथ में चला गया था।

इस काल में विभिन्न तरह की गतिविधियां शुरू की गई। एक ओर, सामाजिक सुधारों के प्रयासों में देवदासी प्रथा का उन्मूलन, उप-जातियों के अंतर की समाप्ति, स्वच्छता को प्रोत्साहन और वस्त्र पहनना इत्यादि शामिल थे जिससे गांव की निर्धन निम्न-जाति के स्थान पर उनकी ठोस सामाजिक हैसियत का पता चलता था। अनेक समाज सुधारकों ने शराब और मांस खाना छुड़ाने के लिए संघर्ष किया; कुछ लोग अतिवादी भक्ति परंपरा के पारंपरिक भजन दलों में शामिल हो गए। किंतु आर्थिक मुद्दों पर भी संगठन बने; इनमें कारखाने या मिल कर्मचारी के रूप में संघर्ष करना तथा जमीन पाने के लिए प्रयास करना शामिल थे। अक्सर, सरकार से ''साझी'' भूमि की हिस्सेदारी की मांग की जाती थी।

यद्यपि इनमें से अधिकतर में सुधारवादी हिंदुओं से संबंध जोड़ना और हिंदूवाद की बुनियादी विचारधारा को स्वीकार करना शामिल था, किंतु यह गैर-आर्य जातिमूलक सिद्धांतों पर आधारित ''आदि'' विचारधारा थी जिससे प्रभावित होकर अधिकांश उग्रवादियों ने विरोध किया। ऐसा नहीं था कि केवल अतिवादी गैर-ब्राह्मणों के अतिरिक्त इसे अन्य सभी दलितों ने अपनाया हो; प्रत्येक क्षेत्र में ऐसे लोग मौजूद थे जिन्होंने स्वयं को हिंदू कहलाना पसंद किया और मंदिरों में प्रवेश के लिए संघर्ष किया। उदाहरण के लिए, कुछ दलित नेतागण, जिनमें अम्बेडकर के प्रतिद्वंद्वी भी मौजूद थे, हिंदू महासभा में चले गए (ब्राह्मण वैचारिक नेताओं द्वारा भक्ति आंदोलन को ''हिंदू'' आंदोलन कहने से अधिक प्रोत्साहन मिला)। किंतु, जैसाकि जनगणना के आंकड़ों से पता चलता है ''आदि'' विचारधारा बहुत व्यापक थी और यह शीघ्र ही लोकप्रिय हो गई। इसने ब्राह्मणवाद और जाति वर्गीकरण के प्रति प्रबल भावनात्मक प्रतिरोध दर्शाया, जो उपनिवेशवाद के दौरान प्रत्येक दलित संगठन में मौजूद था। इसने मद्रास और बंबई प्रेज़ीडेंसी के गैर-ब्राह्मण आंदोलनों के

मुद्दों के बीच वैचारिक संबंध स्थापित किए। अधिकांश उग्रवादी दलितों के गैर-ब्राह्मणों के साथ नीतिगत संबंध थे।

हालांकि ये अभिव्यक्तियां फुले की विचारधारा के समान थीं, किंतु फुले के काल से इनमें काफी महत्त्वपूर्ण अंतर मौजूद थे, जो गैर-आर्य विषयों पर 1920आदि के गैर-ब्राह्मण दलित आंदोलनों में दिखाई देते थे। पहले तो, हिंदूवाद के निर्माण का पूरा दौर हिंदू राष्ट्रवाद की अधिक परिष्कृत विचारधारा की स्थापना और इसके प्रचार के कारण थम गया। इस अवधि के दौरान हिंदू महासभा और आरएसएस जैसी बड़ी संस्थाओं की स्थापना हुई। हालांकि आरएसएस एक अलग-थलग, अंतर्मुखी कैडर संगठन बना रहा, किंतु महासभा और आर्य समाज जैसे संगठनों ने निम्न जातियों से मैत्री के अभियान चलाए। शुद्धि अभियान (जिसे दलितों के "शुद्धिकरण" या उन्हें इस्लाम से वापस धर्मांतरित करने के लिए बनाया गया था) प्रमुख रूप से पंजाब और उत्तरी भारत में ही सीमित थे, किंतु वैचारिक रूप में इस भावना का दूर-दूर तक प्रसार हुआ।

इन अभियानों ने दलितों को "हिंदू धर्मसंघ" का हिस्सा बना दिया और यह दर्शाने के लिए कि हिंदुओं के "महान ग्रंथों की रचना" में दलितों की भी हिस्सेदारी थी, निम्न जाति में जन्में वाल्मीकि और व्यास जैसे व्यक्तियों को महत्त्व देना शुरू कर दिया गया। उदाहरण के लिए, उत्तर भारत की एक प्रमुख चूहडा़ जाति के लोग चमारों के पारंपरिक शत्रु थे, जो भंगी या जमादार तथा शौचालय की सफाई का भी काम करते थे; इन्हें बाल्मीकि या वाल्मीकि का नया नाम देकर वास्तव में एक नई पहचान दी गई। इसके साथ-साथ, उच्च जातियों के हिंदू राष्ट्रवादी जातीय वर्गीकरण के साथ, हिंदू एकता को बढ़ावा देने के लिए अपनी पहचान के जातिगत पहलुओं की पुनर्व्याख्या और उसमें सुधार कर रहे थे। स्पष्ट रूप से, 1930 के दशक तक इस पुनर्व्याख्या का अच्छा प्रभाव पड़ा: न केवल गैर-ब्राह्मणों के एक बड़े वर्ग ने स्वयं को हिंदू माना और जाति सम्मेलनों के माध्यम से क्षत्रिय होने का दावा किया, बल्कि अनेक महत्त्वपूर्ण दलित नेता भी हिंदू कहलाने के लिए राजी हो गए, जिनमें तमिलनाडु के एम.एस. राजाह और नागपुर के जी.ए. गवई जैसे लोग हिंदू महासभा में शामिल हो गए। इसके पश्चात् आंदोलन के भीतर नेतृत्त्व की होड़ शुरू हो गई, किंतु स्पष्ट रूप से ब्राह्मणवादी हिंदूवाद की सफलता उक्त प्रतिद्वंद्विता का दायरा बढ़ाने पर निर्भर थी।

दूसरी ओर, दलित कार्यकर्ताओं, किसानों और उस समय के अन्य श्रमिकों ने, नए वामपंथी प्रबुद्ध वर्ग द्वारा एक उग्र-वर्गीय विचारधारा का निर्माण करने का विरोध

किया। युवा भारतीय समाजवादियों और साम्यवादियों की अगुआई में चलने वाले आक्रामक संघर्ष शुरू होने लगे जिन्होंने उत्पीड़ित लोगों के एक बड़े वर्ग को अपनी ओर आकर्षित किया और उन्हें समानतावादी समाज का स्वप्न दिखाया, किंतु वे जाति को मान्यता देने से बचते रहे, और उन्होंने एक यांत्रिक श्रेणी की रूपरेखा अपनाने पर बल दिया जिसमें पारंपरिक पहचान की पुनर्व्याख्या करने के स्थान पर उन्हें पूरी तरह समाप्त करने का प्रयास किया। यह बात आश्चर्यजनक थी कि दूसरे गोलमेज सम्मेलन के पश्चात् गांधी और अम्बेडकर के बीच हुए दु:खद विवाद में, जब गांधी और हिंदू महासभा, दोनों के समर्थकों ने अम्बेडकर के समर्थकों के विरुद्ध बल संघटित करना शुरू किया, और इस विषय पर अपने समाधानों को आगे बढ़ाया, तो किसी भी प्रमुख वामपंथी ने जाति में कोई रुचि नहीं ली। अपनी आत्मकथा में नेहरू ने बार-बार टिप्पणी की है कि वह गांधी के हरिजन अभियान को भटकाने वाला मानते थे। 'इसने लोगों का ध्यान पूर्ण स्वराज के उद्देश्य से भटका कर हरिजनों के उत्थान के साधारण लक्ष्य पर ला दिया' (नम्बूदरीपाद 1986, 492)।

जातियों से संबंधित प्रतिरोध के कई पहलू थे। आदि-आंध्रा जैसी पहचान को स्वीकार करना कठिन था; सर्वव्यापक रूप से समुदायों ने गांधी के "हरिजन" शब्द को यह सोचे बिना अपना लिया था कि संबद्ध लोगों को यह शब्द अच्छा लगेगा या नहीं। यह एक ऐसी पहचान थी जो उन्हें मातहत या गौण बनाती थी और अछूतों की पहचान को श्रमिक (प्राय: भूमिहीन) या किसान के रूप में निर्धारित करती थी। वे, अधिक परेशानी के बिना, स्वयं को हिंदू (संभवतया "नास्तिक हिंदू") मानने लगे। साम्यवादी, आश्चर्यजनक रूप से, स्वयं अपने परिवारों को पारंपरिक ब्राह्मणवादी हिंदू रीति-रिवाज़ों और प्रथाओं से दूर रखने में असफल रहे, भले ही व्यक्तिगत रूप में उन्होंने इनकी कितनी भी उपेक्षा की हो। उसी समय, साम्यवादी वर्ग की विचारधारा ने उद्योगों में नियुक्त श्रमिक वर्ग को प्रगतिशील कहा, जबकि किसानों को (जो फुले के लिए अति महत्त्वपूर्ण थे) जो चाहे वह सामंतवादी हों या "छोटे पूंजीपति", पिछड़ा कहा गया। राज्य द्वारा उत्पीड़न (जैसे करों या भू-राजस्व के माध्यम से किसानों का उत्पीड़न) को अनदेखा किया गया, जबकि केवल निजी संपत्ति के स्वामियों (साहूकारों, ज़मींदारों, इत्यादि) को, "राष्ट्रीय संग्राम" के विपरीत, वर्गीकरण के उपयुक्त माना गया।

जी.पी. देशपांडे का कहना है, फुले एक प्रकार की सार्वभौमिक विचारधारा के निर्माण का प्रयास कर रहे थे। उन्होंने दमित और शोषित शूद्रों और अति-शूद्रों को जातियों का समूह न मानकर, केवल किसान समुदाय माना, और न ही समुदायों को

कठोर रूप से किसी जातिमूलक शब्दावली में बांधा। गैर-आर्य आखिरकार, एक नकारात्मक श्रेणी थी। इसके विपरीत, 1920 के दशक में, साम्यवादी एक अन्य सार्वभौमिक विचारधारा लेकर आए। इसमें समुदाय/जाति को उत्पीड़ित नहीं माना गया; इसमें सभी वर्ग-हीन श्रेणियों को वृहत्-संरचना के क्षेत्र में डाल दिया गया और गौण परिणामों को महत्त्व नहीं दिया गया क्योंकि वह केवल सांस्कृतिक/वैचारिक धारणाएं थी। *इस प्रकार की वर्ग-संबंधी विचारधारा के निर्माण ने, एक विशेष प्रकार की जातीय विचारधारा को जन्म दिया,* जो एक ऐसी विचारधारा थी जिसने आर्थिक कारणों पर विचार किए बिना, सांस्कृतिक/सामाजिक संदर्भ में, जाति को वर्ग के विरोधी के रूप में स्थापित कर दिया।

इस संदर्भ में, हिंदू राष्ट्रवाद की विचारधारा की तेज़ हवाएं बहने (गांधीवाद के संशोधित रूप में भी) और उसके चारों ओर वर्ग-संघर्ष की लहर भी तेज होने के कारण, दलित उग्रवादियों द्वारा प्रस्तुत की गई ''आदि'' वैकल्पिक पहचान के सिद्धांतों ने प्रजातीय रूप ले लिया। इसे ऊपर दिए गए उद्धरण से समझा जा सकता है। एक धर्म (हिंदूधर्म) का पालन करने वाले आर्यों को, मूल रूप से एक भिन्न धर्म का पालन करने वाले गैर-आर्यों पर आक्रमण करने वाले (विजयी होकर दास बनाने वाले) के रूप में देखा गया। कभी-कभी विजेता आर्य जाति/समुदाय को अधिक बड़े संदर्भ में (सर्व-जातीय हिंदूवादी के रूप में), कभी-कभी अल्प संदर्भ में (केवल ''उच्च-जाति'' के रूप में) देखा गया, किंतु अक्सर उन्हें जातीय एवं धार्मिक रूप में अधिक ठोस वर्ग ''हिंदू'' वर्ग के रूप में देखा गया। फुले ने हिंदू धर्म को, तथाकथित उच्च जातियों के धर्म के रूप में मान्यता देने से भी इनकार कर दिया और इसे केवल शोषण का एक हथियार माना। परवर्ती अतिवादियों ने भी हिंदू धर्म की भर्त्सना की, किंतु बाद में इसे अधिक वास्तविकता में देखना शुरू कर दिया।

साम्यवादियों ने राष्ट्रीय आंदोलन को मूल रूप से अपने समय का अकेला ऐसा वर्गहीन संघर्ष माना जो प्रगतिशील था क्योंकि प्रजातंत्रीय क्रांति लाने के लिए साम्राज्यवाद से लड़ना जरूरी था ताकि उत्पादक बलों (अर्थात् औद्योगीकरण) का तीव्र गति से विकास हो सके। इसके परिणामस्वरूप दलित और गैर-ब्राह्मण आंदोलनों को ब्रिटिश-समर्थक कहकर कलंकित किया गया; वामपंथियों ने मुख्य रूप से भारतीय संभ्रांत वर्ग (या भारतीय सामंतवाद) के विरुद्ध लड़ाई को वैध मानने से इनकार कर दिया।

इस प्रकार, परिश्रमी जनता के बीच दो विरोधी विचारधाराएं प्रचलित हो रही थीं – एक जो मूल निवासी या गैर-आर्यों के दृष्टिकोण से तर्क देती थी, और दूसरी

जो वर्ग संघर्ष पर आधारित थी। विशेष रूप से, भारत में जातियों की समस्याओं को शामिल करने वाले सर्वसमावेशी मार्क्सवादी सिद्धांत की असफलता के बाद, दलितों का व्यापक आंदोलन वर्ग आंदोलन और जाति आंदोलन में बंट गया। किसी प्रकार की समाकलित विचारधारा का कोई संश्लेषण या विकास नहीं हुआ, जिसके फलस्वरूप, उन निम्न जातियों या वर्गों ने, जिन्होंने राष्ट्रीय संघर्ष या वाम-समर्थक कर्मचारी वर्ग आंदोलन में भाग नहीं लिया था, अपने जाति-विरोधी संघर्ष को छोड़ दिया। कांग्रेस के नेतृत्त्व तले और अन्य सभी राजनीतिक आंदोलनों पर इसके आधिपत्य के दावों के कारण, बड़ी संख्या में अनेक प्रकार के बल और पहचानें सुगबुगा रही थी, किंतु वे सभी एक-दूसरे से अलग-थलग और प्रभावहीन रहे।

1930 और 1940 के दशक में डॉ. बी.आर. अम्बेडकर ने इस विखंडन को आगे बढ़ाने का विशिष्ट प्रयास, किया जिन्हें बीसवीं शताब्दी के महान प्रजातांत्रिक नेताओं में से एक माना जाता है।

सात

प्रति क्रांति के रूप में हिंदूवाद

बी.आर. अम्बेडकर

> यह समझना जरूरी है कि देश में कभी भी एक साझी भारतीय संस्कृति नहीं थी, और ऐतिहासिक रूप से यहां तीन भारत मौजूद थे, ब्राह्मणवादी भारत, बौद्धधर्मी भारत और हिंदू भारत, जिसमें प्रत्येक की अपनी एक अलग संस्कृति थी... यह समझना भी जरूरी है कि मुस्लिम आक्रमण से पूर्व भारत का इतिहास ब्राह्मण धर्म और बौद्धधर्म के बीच प्रचंड टकराव का इतिहास है। (अम्बेडकर 1987, 275)

डॉ. भीमराव रामजी अम्बेडकर (1891-1956; आंदोलन में बाबासाहेब के नाम से प्रसिद्ध) गैर-ब्राह्मण आंदोलन की विरासत के दावेदार के रूप में राजनीति में आए। वे 1917-20 के बीच अमेरिका से कानून की डिग्री लेकर भारत लौटे। बड़ौदा में अछूत कहकर उनका अपमान किया जाने के बाद उन्होंने नौकरी छोड़ दी। सिडेनहम कॉलेज में प्रोफेसर के रूप में बॉम्बे में बस जाने के बाद, अपने प्रारंभिक राजनीतिक आयोजन के दौरान वे कोल्हापुर के शाहू महाराज (राष्ट्रवादियों में ब्राह्मण-विरोधी और ब्रिटिश-समर्थक के रूप में विख्यात) के संपर्क में आए। वह दलित आंदोलन को स्वाधीन बनाना चाहते थे, किंतु उन्हें यह स्वाधीनता ब्राह्मण-विरोधियों के साथ गठबंधन के बाद मिली। नागपुर में 1920 में हुए प्रथम दलित वर्ग सम्मेलन में, जिसमें उन्होंने शाहू महाराज के साथ भाग लिया, उन्होंने न केवल राष्ट्रवादी प्रवक्ता पर, बल्कि विट्ठल रामजी शिंदे पर भी प्रहार किया जो ''अछूतों के उत्थान'' के नेतृत्व का दावा करने वाले सबसे प्रतिष्ठित गैर-दलित समाज सुधारक थे।

अम्बेडकर ने बहुत सावधानी से राजनीति में प्रवेश किया। उन्होंने धीरे-धीरे शिक्षित और अर्ध-शिक्षित महार लड़कों की एक टीम तैयारी की, जिसमें कुछ उच्च जाति के समर्थक भी मौजूद थे और बहिष्कृत हितकर्णी सभा का गठन किया, जिसने प्रदेश के आसपास सम्मेलन आयोजित करने शुरू किए। 1926 कोंकण के महाड़ में हुए एक सम्मेलन के दौरान तालाब से पानी पीने का प्रयास करने पर आंदोलन ने विस्फोटक रूप ले लिया। महाड़ सत्याग्रह, जो पहला ''अछूत मुक्ति आंदोलन'' था, पानी प्राप्त करने में तो सफल नहीं हुआ, किंतु सम्मेलन के अंत में मनुस्मृति को सार्वजनिक रूप से जलाया गया। यह अभियान आंशिक रूप से स्व-प्रवर्तित और आंशिक रूप से पूर्व-नियोजित था; आंदोलन के लिए महाड़ को इसलिए चुना गया था क्योंकि वहां अम्बेडकर को हिंदू जाति का विशेष समर्थन प्राप्त था, वहां महार और कुनबी किसानों को संगठित करने के लिए एक काश्तकारी आंदोलन आरंभ हो रहा था (जो 1930 के दशक में महाराष्ट्र के सबसे बड़े ज़मींदार-विरोधी आंदोलन में बदल गया), और नगर निगम ने पहले ही सार्वजनिक स्थानों को अछूतों के लिए खोलने का प्रस्ताव पारित कर दिया था।

साइमन कमीशन के आने तक अम्बेडकर देश के सबसे अधिक स्पष्टवादी दलित नेता के रूप में उभर चुके थे जिन्हें जनता का भारी समर्थन प्राप्त था, और इसीलिए उन्हें गोलमेज सम्मेलन में बुलाया गया। यहां, अछूतों के लिए अलग निर्वाचन क्षेत्र देने के विषय पर उनका गांधी से तीव्र मतभेद हुआ। गांधी के लिए, अछूत हिंदू समाज का एक अभिन्न हिस्सा थे और उसकी अखंडता को बनाए रखना मुख्य और भावनात्मक मामला था। गांधी के अनशन और पूना पैक्ट (1932) पर हुए मतभेद ने हिंदू सुधारवादियों के बारे में अम्बेडकर की भ्रांतियों को हमेशा के लिए दूर कर दिया (जब गांधी ने अछूतों के लिए अलग निर्वाचन क्षेत्र देने के विरोध में 1932 में अनशन किया, तो अंत में अम्बेडकर ने उनकी बात मान ली; पूना पैक्ट इसी का परिणाम था); यहीं से उनका उग्र-सुधारवादी काल शुरू हुआ, जिसके बाद उन्होंने 1935 में घोषणा की कि वह ''जन्मे एक हिंदू के रूप में थे, किंतु हिंदू के रूप में मरेंगे नहीं''। उन्होंने 1936 में लाल झंडे वाली एक श्रमिक-किसान पार्टी इंडीपेंडेंट लेबर पार्टी (आईएलपी) की स्थापना की। उनके ''धर्म-परिवर्तन की घोषणा'' ने देश भर में खलबली मचा दी और आईएलपी बॉम्बे विधान परिषद् में सबसे बड़ी विरोधी पार्टी बन गई।

राष्ट्रवादी आंदोलनों और श्रमिकों एवं किसानों के बीच बढ़ते संघर्ष के कारण 1930 का दशक उत्तेजनाओं का दौर था। आईएलपी बढ़ने लगी और देश की

एक अकेली ऐसी पार्टी बन गई जिसने जातीय-दमन के साथ पूंजीपतियों और ज़मींदारों के खिलाफ संघर्ष का नेतृत्त्व किया, ''ब्राह्मण-बुर्जुआ कांग्रेस'' का उग्र विरोध करने का आह्वान किया और इसमें गैर-ब्राह्मणों तथा दलितों को भी शामिल करने की मांग की। हालांकि अम्बेडकर स्वयं दलित-शूद्र पहचान के गैर-आर्य सिद्धांत का समर्थन नहीं करते थे, किंतु उनके साप्ताहिक पत्र जनता में प्रकाशित कविताओं और गीतों से पता चलता है कि यह विचार कितने व्यापक थे और किस प्रकार उन्होंने जाति-विरोधी उग्रवाद को जाति-संघर्ष के साथ जोड़ा:

भील, गोंड, द्रविड़ सबका भारत सुंदर था,
वो भारत के लोग थे, संस्कृति उनकी थी, नियम भी उनके थे,
आर्यों ने सब छिन्न-भिन्न कर दिया, वे अपनी शक्ति लेकर भारत में घुसे और द्रविड़ों को दबा दिया ...
ब्राह्मण, क्षत्रिय, वैश्य, सभी उनके स्वामी बन बैठे,
दास बना उनका खून चूसने लगे, शूद्रों को मशीन बना डाला।
ब्राह्मण, क्षत्रिय, बनिये, सभी ने सारे स्वत्वाधिकार खुद हथिया लिए,
तीनों आपस में भाई बन गए, और संकट में एकसाथ हो गए।
सबने शूद्रों को बांटा, जो उनके मजदूर बन गए।
''कांग्रेस', 'हिंदू महासभा', 'मुस्लिम लीग' सभी धनी लोगों के एजेंट हैं,
'इंडीपेंडेंट लेबर पार्टी' ही हमारा सच्चा घर है...
जनता का हथियार उठाओ,
स्वामियों की क्रूरता के खूनी प्रपंच को उखाड़ फेंकों,
उठो मजदूरों! उठो किसानों! हिंदुस्तान हमारा है,
मानवता का निर्माण श्रम पर होगा,
ये हमारा जन्मसिद्ध अधिकार है!
(रामटेके 1941)

इस अवधि में आईएलपी ने कुछ बड़े संयुक्त संघर्ष किए। इनमें सबसे महत्त्वपूर्ण महाराष्ट्र के कोंकण क्षेत्र में हुआ जमींदार-विरोधी आंदोलन था जिसने प्रमुख रूप से ब्राह्मण जमींदारों (कुछ उच्च जाति के मराठा जमींदार भी) के विरुद्ध कुनबी और महार काश्तकारों को एकसाथ ला दिया। इसकी पराकाष्ठा तब हुई जब 1938 में 25,000 किसानों ने बॉम्बे तक मार्च किया। इसके बाद हड़तालों को गैर-कानूनी घोषित करने वाले, कांग्रेस सरकार के ''काले बिल'' के विरोध में

यूनाइटेड टेक्सटाइल कर्मचारियों की एक-दिवसीय अतिविशाल हड़ताल हुई। दोनों हड़तालों में साम्यवादियों ने भी भाग लिया। किसानों की विशाल रैली में अम्बेडकर ने अस्पष्ट रूप से मार्क्सवाद की प्रशंसा करते हुए यह घोषणा की:

> मैंने, साम्यवादी दर्शन पर, निःसंदेह यहां मौजूद साम्यवादियों की तुलना में कहीं अधिक पुस्तकें पढ़ी हैं। इन पुस्तकों में साम्यवाद का दर्शन कितना भी सुंदर क्यों न हो... इसकी व्यावहारिक रूप में जांच की जानी चाहिए। और यदि इसी दृष्टिकोण से काम किया जाए, तो मुझे लगता है कि श्रमिक संघर्ष को सफल होने में रूस में जितना श्रम और समय लगा, भारत में उतने श्रम और समय की जरूरत नहीं होगी ... श्रमिक वर्ग संघर्ष के संबंध में, मुझे लगता है कि साम्यवादियों का दर्शन हमारे अधिक समीप है। (रामटेके 1938)

अतः, 1930 के दशक में अम्बेडकर ने एकता और उग्रवाद के बारे में अपने प्रमुख विचारों को कड़े शब्दों में अभिव्यक्त किया: कांग्रेस के विरुद्ध श्रमिकों और किसानों की एकता, दलितों और गैर-ब्राह्मणों (शूद्रों) की एकता, और विरोधी दलों की आपसी एकता की आवश्यकता है। ध्यान देने योग्य बात है कि इस अवधि के दौरान (जैसाकि बाद में भी) प्रभुत्वशाली जातियों के किसानों ने, गांवों के दलितों पर अत्याचार किए और इन दलितों ने अम्बेडकर की छत्रछाया में इस अत्याचार के विरुद्ध प्रबल संघर्ष किया। फिर भी, व्यापक रूप से उन्होंने दलितों की गैर-ब्राह्मण पार्टी से संबद्ध कुनबी-मराठाओं के साथ एकता स्थापित करने का प्रयास किया, और शाहू महाराज तथा फुले की सराहना की। अम्बेडकर ने माना कि जिस प्रकार वर्ग संदर्भ में पूंजीवाद और जमींदार प्रथा सबसे बड़े शत्रु थे, उसी प्रकार जाति स्तर पर ब्राह्मणवाद सबसे बड़ा शत्रु था। उन्होंने निरंतर वामपंथियों और गैर-ब्राह्मण बलों को एकसाथ आकर एक ऐसे राजनीतिक विकल्प का निर्माण करने की अपील की जो भारत के शासक वर्ग और साम्राज्यवाद, दोनों से लड़े। अतः, उदाहरण के लिए, 1938 के किसान एवं श्रमिक संघर्ष के पश्चात् एक बड़ा मोर्चा बनाने के लिए, वे पेरियार और बिहार के किसान नेता स्वामी सहजानंद से मिले। इसी प्रकार उन्होंने महाराष्ट्र के गैर-ब्राह्मण नेताओं से अपना आंदोलन कांग्रेस के साथ न मिलाने का आग्रह किया और कहा कि ऐसा करने से वह ब्राह्मण नेताओं के ''हमाल'' या कुली बन कर रह जाएंगे।

तब भी, 1930 के दशक में, कांग्रेस का कोई ठोस उग्रवादी विकल्प नहीं बन पाया। कांग्रेस की, गांधी के नेतृत्त्व में अपार जनसमर्थन जुटा पाने की क्षमता के अतिरिक्त, उनके बीच परस्पर-विरोध साम्राज्यवाद से संबंधित था और कांग्रेस

''संयुक्त साम्राज्यवाद विरोधी मोर्चा'' का प्रतिनिधित्व करती थी। यह आंदोलन समाप्त हो गया। साम्यवादियों ने ''फासीवाद विरोधी'' युद्ध में ब्रिटिश सरकार का समर्थन किया। अम्बेडकर ने उग्रवाद को छोड़कर आईएलपी का गठन किया, जो काफी अधिक संकुचित स्तर में केवल महाराष्ट्र तक ही सीमित था किंतु अधिक अखिल-भारतीय अनुसूचित जाति संघ (1942 में गठित) के रूप में स्थापित था। अब उनका लक्ष्य स्वतंत्रता के एवज में, जो उन्हें अब निश्चित प्रतीत हो रही थी, अंग्रेजों से अधिक-से-अधिक सुविधाएं प्राप्त करना था। अम्बेडकर उस समय नेहरू के स्वतंत्र शासन में कानून मंत्री थे, किंतु उन्होंने ब्रिटिश सरकार में तत्काल श्रम मंत्री का पद स्वीकार कर लिया। अभी भी अम्बेडकर कांग्रेस को ''ब्राह्मण-बुर्जुआ'' की पार्टी मानते थे, किंतु इस संबंध में अधिक कुछ न कर पाने की स्थिति में, उन्होंने अपना ध्यान सुधारवादी हित-वर्गीय राजनीति में लगा दिया।

अम्बेडकर ने दलितों की आजादी के लिए, हमेशा आर्थिक और सामाजिक दोनों साधनों को जरूरी माना। किंतु यांत्रिक मार्क्सवाद को अंगीकार करने के बाद उन्होंने इन्हें अलग-अलग इकाइयों के रूप में देखना शुरू कर दिया, जो उस प्रकार अंतर्ग्रथित (interwoven) नहीं थे जैसा कि फुले मानते थे। आर्थिक मोर्चे पर उन्होंने अधिकतर नेहरूवादी-वामपंथी पद्धति को अपनाना शुरू कर दिया। हालांकि उन्होंने 1920 के आरंभ में राजस्व एवं वित्तीय नीति पर दो बड़ी पुस्तकें लिखीं थीं जिनमें, ब्रिटिश शासन की कटु आलोचना करते हुए सामान्य रूप से नव-क्लासिकी दृष्टिकोण को दर्शाया गया था, किंतु 1930 और 1940 के दशक में उन्होंने एक समाजवादी दृष्टिकोण अपनाया जिसमें राज्य-निर्देशित औद्योगिक विकास की आवश्यकता को महत्त्व नहीं दिया गया था, किंतु राज्य प्रशासन में उच्च-जातियों का प्रभुत्व होने की समस्या का भी विरोध नहीं किया गया था। इसे उन्होंने अपनी पुस्तक *स्टेट्स एंड माइनॉरिटीज़* में अभिव्यक्त किया है जिसे अनुसूचित जाति संघ की ओर से संवैधानिक संधिपत्र के समर्थन के लिए लिखा गया था। यद्यपि इस समय अर्थव्यवस्था में उनकी कोई दिलचस्पी नहीं थी। वह अपनी अधिकांश बौद्धिक क्षमता का प्रयोग जाति व्यवस्था की ऐतिहासिक बुनियाद और भारत की सांस्कृतिक पहचान का पता लगाने में कर रहे थे।

अम्बेडकर ने इसकी शुरूआत न केवल मार्क्सवाद के वर्ग सिद्धांत को अस्वीकार करने से की, बल्कि अपने समय के अन्य दलित अतिवादियों के गैर-आर्य पहचान के दावों पर प्रस्तुत ''जाति सिद्धांत'' को भी नामंजूर किया। इसे उनके जीवनकाल में प्रकाशित दो पुस्तकों में देखा जा सकता है, हू *वर द शूद्राज़? और द अनटचेबल्स*।

तथापि उनकी अप्रकाशित पांडुलिपियों, *रिवॉल्यूशन एंड काउंटर रिवॉल्यूशन इन एनशियंट इंडिया और द अनटचेबल्स: चिल्ड्रेन ऑफ इंडियाज़* घेटो से पता चलता है कि उन्होंने इस ऐतिहासिक सिद्धांत को स्पष्ट करने के कितने प्रयास किए। *रिवॉल्यूशन एंड काउंटर रिवॉल्यूशन* उनका मुख्य सैद्धांतिक विश्लेषण दर्शाती है और इसमें जातियों के आर्यवादी सिद्धांत को प्रारंभ में ही अस्वीकार कर दिया गया है: 'आर्य कोई प्रजाति नहीं थे। आर्य लोगों का एक समूह था। इन्हें एक प्रकार की संस्कृति, जिसे आर्य संस्कृति कहा जाता है, को बनाए रखने की साझी रुचि ने एक-दूसरे से जोड़े रखा', (अम्बेडकर 1987, 419)। जैसाकि उन्होंने पहले भी स्पष्ट किया था:

> वास्तव में, भारत में जाति व्यवस्था विभिन्न प्रजातियों की रक्त और संस्कृति के आपस में पूरी तरह घुल-मिल जाने के बहुत समय बाद आई। यह मानना कि विभिन्न जातियों में पाया जाने वाला अंतर वास्तव में प्रजातियों का अंतर है और विभिन्न जातियों को अनेक विभिन्न प्रजातियां मानना, वास्तव में तथ्यों को पूरी तरह तोड़ना होगा। पंजाब के ब्राह्मणों और मद्रास के ब्राह्मणों में क्या नाता है? बंगाल के अछूतों और मद्रास के अछूतों में क्या नाता हो सकता है? ... प्रजाति के रूप में पंजाब के ब्राह्मण उसी वंश के हैं जिस वंश के पंजाब के चमार हैं और मद्रास के ब्राह्मण उसी प्रजाति के हैं जिस प्रजाति के मद्रास के परिया हैं। जाति प्रणाली प्रजातियों के विभाजन को निर्धारित नहीं करती। (अम्बेडकर 1979, 49)।

ऐसा नहीं था कि अम्बेडकर ने प्रजातीय तत्त्वों को पूरी तरह नकार दिया हो; उदाहरण के लिए उन्होंने प्रारंभिक मगध-मौर्य साम्राज्य को ''नागाओं'' की रचना कहा। उन्होंने कहा कि जाति की व्याख्या करते समय उन्हें यूं ही प्राथमिकता नहीं देनी चाहिए। उनके विचार से, सभी वर्णों में कुछ-न-कुछ प्रजातीय मिश्रण मौजूद था; उदाहरण के लिए मूल शूद्र, क्षत्रिय आर्यों की जनजाति से संबंधित थे जिन्हें ब्राह्मणों से विरोध के कारण पदावनत कर दिया गया था, और केवल बाद में अश्वेत पराजित गैर-आर्यों में शामिल कर लिया गया। इसी प्रकार, उन्होंने आर्थिक कारकों से संबंधित विश्लेषण को भी नामंजूर किया। अपने एक प्रसिद्ध वाक्यांश में, जो उनकी प्रजाति संबंधी धारणा से मिलता-जुलता है, उन्होंने कहा था, ''जाति श्रम का विभाजन नहीं, यह श्रमिकों का विभाजन है।''

अत:, जाति न तो प्रजाति से संबंधित थी और न ही आर्थिक स्थिति से। तो वह प्रमुख व्याख्यात्मक कारण क्या थे तथा ऐतिहासिक परिवर्तन का प्रयोजन क्या था जिन्होंने जाति व्यवस्था, या लोगों के ''सामाजिक विभाजन'' को जन्म दिया? वर्ग और प्रजाति सिद्धांत को अस्वीकार कर देने, और हिंसा को अनदेखा कर देने के

बाद, वैचारिक एवं धार्मिक कारकों पर बल दिया गया। अम्बेडकर के विश्लेषण के अनुसार, यह कारक सभ्यताओं के परस्पर गुंथे हुए बल थे जिन्होंने भारतीय समाज में मतभेद और परिवर्तन उत्पन्न किए। सिंधु घाटी सभ्यता की जानकारी के बिना, जैसाकि ऊपर बताया जा चुका है, उन्होंने इस प्रक्रिया को तीन प्रमुख चरणों में विभाजित किया जिनका मुख्य तत्त्व, असमानतावादी और दमनकारी तत्त्वों के प्रतिनिधि हिंदू धर्म और प्रगतिशील, समानतावादी तथा तर्कसंगत बौद्धधर्म के बीच का मतभेद था: (1) ब्राह्मणवाद (वैदिक काल, जो मूल रूप से जनजातीय प्रकार था और वैदिक आर्यों के वर्ण से वर्णित होता था, हालांकि यह जन्म पर आधारित नहीं था); (2) बौद्धधर्म का क्रांतिकारी काल, जिसमें मगध और मौर्य शासन का उत्थान हुआ और महिलाओं तथा शूद्रों की अवस्था में काफी प्रगति हुई; जिनकी स्थिति में वैदिक काल के अंतिम चरण में काफी गिरावट आई; तथा (3) हिंदू धर्म का ''प्रति-क्रांतिकारी'' काल, जिसमें मनुस्मृति की रचना हुई, वर्ण का जातियों में रूपांतरण हुआ और शूद्रों और महिलाओं की अवस्था का पूरी तरह पतन हो गया (अम्बेडकर 1987, 316-17)।

> विजेता ब्राह्मणवाद ने शूद्रों और महिलाओं दोनों पर, ताबेदारी (servility) नामक पुरानी विचारधारा के आधार पर हमला बोल दिया, और ब्राह्मणवाद शूद्रों और महिलाओं को ताबेदार श्रेणी में लाने में सफल भी रहा: शूद्रों को तीन उच्च वर्गों का दास बना दिया गया और महिलाओं को अपने पतियों का दास बना दिया गया। बौद्धधर्म के ऊपर विजय के पश्चात् ब्राह्मणवाद के काले कारनामों में से यह सबसे अधिक कुत्सित कार्य था। वर्ग प्रभुत्व के नाम पर अनाधिकारवादियों के वर्ग द्वारा की गई अवमानना के इतने घृणित कार्यों की इतिहास में कोई बराबरी नहीं है। (वही., 336)

यहां यह ध्यान देना आवश्यक होगा कि अम्बेडकर ने ''शूद्र'' शब्द का प्रयोग, स्पष्ट रूप से अछूतों के लिए नहीं किया जिन्हें वह गांवों के बाहर रहने वाले ''निराश व्यक्ति'' कहते थे; उनका तात्पर्य गैर-ब्राह्मण जनता से था जिन्हें वह अछूतों और जनजातियों के समान जाति व्यवस्था का शिकार मानते थे। तथापि, 1940आदि तक, उनकी एक संगठित संघर्ष की आशा धूमिल होती चली गई और अपने राजनीतिक लेखों में उन्होंने हिंदुओं को बहुसंख्यक मानना शुरू कर दिया जिसमें गैर-ब्राह्मण भी शामिल थे, जो मुसलमानों और दलितों जैसे अल्पसंख्यकों के विरुद्ध थे।

अम्बेडकर की रणनीति, अंततोगत्वा इस बहुसंख्या को तोड़ना, हिंदू धर्म को विखंडित करने की थी, और इस के लिए वह दलितों और मध्य जातियों (गैर-ब्राह्मण) को एकजुट करना चाहते थे; जो किसानों और श्रमिकों की एक जाति और संयुक्त ईकाई के रूप में ब्राह्मण-बुर्जुआ कांग्रेस के विरुद्ध खड़े हो सकें। अपने जीवन के अंतिम वर्षों में उन्होंने इस प्रकार का संगठित मोर्चा बनाने में उस समय सफलता प्राप्त की, जब उनका अनुसूचित जाति संघ (आशावादी रूप में गैर-जाति) रिपब्लिकन पार्टी में परिवर्तित हो गया। इसने संयुक्त महाराष्ट्र समिति में भाग लिया, मराठी-भाषी राज्य से लड़ने के लिए संगठन बनाया और वास्तव में यह विरोधी दलों का पहला पूर्ण वाम-जनतांत्रिक मोर्चा बना। अम्बेडकर का कहना था कि संयुक्त मोर्चे को मराठी-भाषी राज्य में विजय प्राप्त करने के बाद भी जारी रखना होगा और ग्रामीण जनता के हितों के लिए लड़ना होगा; उनके सहयोगी दादासाहेब गायकवाड़ और साम्यवादी किसान नेताओं ने 1956 और 1965 में विशाल भूमि सत्याग्रह किए।

तथापि, अम्बेडकर के जीवन के अंत को उनके असंख्य दलित अनुयायी न तो किसान और दलितों वर्गों की एकता के रूप में याद करते हैं और न ही एक वृहत्-आधारीय संगठन के रूप में रिपब्लिकन पार्टी के गठन के लिए नए सिरे से किए गए प्रयासों के लिए याद करते हैं, अपितु उन्हें नागपुर में लगभग दस लाख दलितों के साथ बौद्ध धर्म में धर्म-परिवर्तन करने के लिए याद किया जाता है। अम्बेडकर और उनके अनुयायी दलित अतिवादियों का मानना था कि अंततोगत्वा, हिंदू धर्म जातियों का धर्म बना रहेगा और यदि भारत की जनता आजाद होना चाहती है तो इसे छोड़ना और नष्ट करना जरूरी होगा। उन्होंने 1936 में, गांधी और पंजाब के जाति-विरोधी उग्रवादियों के विरोध में लिखा था कि धर्म पर विचार करने की जरूरत थी। उनका कहना था, कि भारत के समाजशास्त्रियों ने:

> यदि क्रांति से पूर्व जातिवाद पर ध्यान नहीं दिया तो उन्हें क्रांति के बाद जातिवाद पर ध्यान देने के लिए मजबूर होना पड़ेगा। यह केवल इस बात को कहने का एक दूसरा तरीका है कि आप किसी भी दिशा में जाएं, जाति नाम का राक्षस आपका रास्ता रोके खड़ा होगा। जब तक आप इस राक्षस को नहीं मार देंगे, तब तक आप न तो राजनीतिक सुधार कर सकते हैं और न ही आर्थिक सुधार। (अम्बेडकर 1979, 47)

उन्होंने आगे कहा कि इसके लिए आपको "श्रुतियों और शास्त्रों का धर्म नष्ट करना होगा। कोई अन्य तरीका या रास्ता सफल नहीं हो सकता (वही, 75-77)।" अपने प्रहार को नरम करते हुए उन्होंने हिंदू धर्म के सुधार का तरीका सुझाया, और

कहा कि ''आप ब्राह्मणवाद को मार कर ही हिंदू धर्म को बचाने में सफल हो सकते हैं।'' संभवतया इसी प्रकार की भाषा के कारण भाजपा ने अम्बेडकर को हिंदू सुधारक के रूप में अपना सहयोगी बताया। किंतु इस प्रकार के हिंदू सुधारवादी यही चाहते कि हिंदुओं के सभी पवित्र ग्रंथों को नष्ट कर दिया जाए, राम और कृष्ण को आदर्श न माना जाए, और अंत में अम्बेडकर यह मानने को तैयार नहीं हुए कि ऐसा संभव हो सकता है। उनके अप्रकाशित लेखों मे, उनकी काफी कठोर आलोचना देखने को मिलती है:

> क्या हिंदू धर्म में ऐसा कोई सिद्धांत नहीं है जिसे सभी हिंदू, अपने अन्य सभी मतभेदों को भुलाकर, सहर्ष मानने के लिए तैयार हो जाएं? मुझे लगता है कि ऐसा एक सिद्धांत है और वह सिद्धांत जाति का सिद्धांत है। (अम्बेडकर 1987, 336)

स्वतंत्रता की राह में, तब आर्थिक और वैचारिक संघर्ष शामिल थे और अम्बेडकर ने आर्थिक संघर्ष को कभी नहीं छोड़ा। तथापि वह वैचारिक/सांस्कृतिक संघर्ष पर बल देते थे। हालांकि वह इसे पूर्ण रूप से आर्थिक विकल्प में समाहित करने में सफल नहीं हुए, उन्होंने इसे एक ऐसी प्रखरता प्रदान की जो समाजवादियों के समक्ष चुनौती बनी रहेगी – जातिवाद और उसके धार्मिक औचित्य का मुद्दा ''एक ऐसा राक्षस है, जो हमेशा आपका रास्ता रोके खड़ा है''।

आठ

दिल्ली शासन के रूप में हिंदू धर्म

पेरियार एवं राष्ट्रीय प्रश्न

जब उपनिवेशवाद समाप्ति पर था तब भारत की राजनीति के धरातल पर मुस्लिम अलगाववाद और हिंदू पहचान की लहरें उठ रही थीं। हिंदू धर्म को सामान्य पहचान मान लिया गया था, फिर चाहे वह हिंदू धर्म का सामान्य और उदारवादी रूप हो, जिससे अधिकांश कांग्रेसी सहमत थे अथवा हिंदू राष्ट्रवाद का अधिक उग्रवादी स्वरूप हो। हिंदू राष्ट्रवाद में, जिसमें 1920 और 1930 के दशक में काफी विकास हुआ, न केवल रक्त और प्रदेश (प्रजाति, धर्म और राष्ट्र) पर, बल्कि भाषा पर भी बल दिया जाने लगा और संस्कृत/हिंदी को विशिष्ट रूप से ''भारतीय'' भाषाएं माना जाने लगा। इसमें विशेष रूप से उत्तरी भारत की ओर अधिक झुकाव था। उत्तर भारत के रूढ़िवादियों के भावपूर्ण नारे *हिंदी-हिंदू-हिंदुस्तान* का एक शक्तिशाली नकारात्मक पहलू भी था: भाषा, धर्म और राष्ट्र के समीकरण ने, न केवल अलग धार्मिक पहचान से संबद्ध लोगों को बल्कि अलग भाषाएं बोलने वाले लोगों को भी, स्वयं को एक अलग ''राष्ट्र'' के रूप में देखने के लिए प्रोत्साहित किया। इस प्रकार हिंदू ''रूढ़िवाद'' की शक्तिशाली केंद्रीकरण की प्रवृत्ति का एक नकारात्मक प्रभाव यह हुआ कि अनेक जाति-विरोधी आंदोलन क्षेत्रीय और उत्तर भारत-विरोधी आंदोलनों और ब्राह्मण-विरोधी पहचान में तब्दील हो गए।

जाति नस्ल नहीं है, और अम्बेडकर ने सबसे पहले इस अंतर को समझने और कठोर रूप से एक अखिल-भारतीय, यहां तक कि केंद्रीकृत आचरण अपनाने पर बल दिया; किंतु जाति, समुदाय और प्रजातीयता की विशेषताएं एकसमान होती हैं,

जिसे देशी भाषा में जाति और क़ौम भी कहा जाता है और दोनों को अक्सर समान अर्थ में प्रयोग किया जाता है। फुले के समय से ही, जाति-विरोधी आंदोलनों के एक बड़े हिस्से ने इस पर बल दिया था और संभ्रांत ब्राह्मणों को आर्य तथा स्वयं को गैर-आर्य कहा था, जो विभिन्न जातीय समुदायों और यहां तक कि एक भिन्न प्रजाति से संबंधित थे। भारत की विविधता को देखते हुए, विशेष रूप से गैर-ब्राह्मणों और दलितों की विविधता के संदर्भ में कहा जा सकता है कि विभिन्न क्षेत्रों में सामूहिक प्रजातीय पहचान विभिन्न रूपों में प्रकट हुई। ''ब्राह्मणों'' और ''हिंदुओं'' का विरोध विभिन्न गैर-हिंदी भाषियों में और कभी-कभी, राष्ट्रीयता की उत्तर भारत-विरोधी पहचान में प्रतिबिंबित हुआ।

उदाहरण के लिए, 1930आदि में, सिक्ख और मुस्लिम धर्म के लोगों ने क्षेत्रीय/राष्ट्रवादी पहलुओं का विरोध किया और ऐसा करते हुए उन्होंने कांग्रेसी प्रभुत्व का हिंदू प्रभुता और ''ब्राह्मण-बनिया'' शासन कहकर विरोध किया। विरोधियों के जातिवादी संलाप ने उन्हें गैर-ब्राह्मण और दलित आंदोलनों से जोड़ने में मदद की और संभवतया इसी ने, उस समय के गठबंधनों के निर्माण को ठोस आधार दिया। उदाहरण के लिए, 1930 के दशक में पंजाब के मंगू राम ने यूनियनिस्ट पार्टी से और बंगाल के नामशूद्रों ने कृषक प्रजा पार्टी से गठबंधन कर लिया। इसी समय, उत्तर भारत में बढ़ रहा तीव्र हिंदू-मुस्लिम विरोध दूसरे प्रदेशों में भी फैलने लगा और क्षेत्रीय विभाजन तथा स्वायत्तता की मांग उठने लगी। 1940 के दशक के अंतिम दौर में, पाकिस्तान के लिए उठा आंदोलन द्राविड़ीस्तान की मांग को उकसाने लगा और देश के दूसरे भागों में भी ऐसी ही प्रवृत्तियां देखी जाने लगीं। हिंदू धर्म का विरोध, कदाचित एक जटिल, उत्तर भारत-विरोधी और केंद्र-विरोधी आंदोलन का रूप ले रहा था।

इस प्रक्रिया को तमिलनाडु में हुई घटनाओं से समझा जा सकता है। यहां का समाज पूर्ण रूप से स्वतंत्र द्रविड़-भाषियों का समाज था, जिसका उपमहाद्वीप के दक्षिणी केंद्र के रूप में एक लंबा इतिहास था। यह क्षेत्र अब तक न केवल उत्तरी क्षेत्रवासियों से अपराजित रहा था बल्कि एक स्वाधीन साम्राज्य का केंद्र रहा था जिसका विस्तार दूसरे देशों में भी था; और दक्षिणी प्रदेशों के संबंध उत्तर-पश्चिमी एशियाई क्षेत्रों से संबंधों के विपरीत, दक्षिण-पूर्वी एशिया के देशों तक फैले हुए थे। यहां, उन्नीसवीं शताब्दी के उत्तरार्ध से ब्राह्मण-विरोधियों ने लोगों के मन में यह दावा कूट-कूट कर भर दिया गया था कि वे इस क्षेत्र के गैर-आर्य प्रजातियों के मूल निवासी थे। इसने प्राचीन तमिल समाज को आदर्श रूप में प्रस्तुत किया; शैववाद, या शैव सिद्धांत दर्शन को देशी, यहां तक कि गैर-हिंदू धर्म के रूप में स्थापित किया। इसी के आधार

पर एक अलग द्राविड़ियन पहचान का दावा किया गया और 1940 तथा 1950 के दशक में इसी के आधार पर तमिल राष्ट्रवाद की स्थापना हुई।

तमिलनाडु का प्रथम जाति-विरोधी आंदोलन, विशेष रूप से प्रजातीय प्रकार का नहीं था; बल्कि यह धार्मिक प्रकार का था और इसका नेतृत्त्व एक दलित पेरियार सिद्धा चिकित्सक, पंडित आयोथी थास ने किया था। सदी के मोड़ पर उन्होंने शाक्य बौद्ध समाज या साउथ इंडियन बुद्धिस्ट लीग की स्थापना की जो प्रमुख रूप से दलितों पर आधारित थी किंतु इसमें अन्य जाति वर्गों के कई बुद्धिजीवी भी शामिल थे। अनेक संदर्भों में यह आंदोलन अम्बेडकर के बौद्धवाद का पूर्ववर्ती था। आयोथी थास ने प्राचीन भारत को बौद्ध भारत कहा; फुले के समान, उनका मानना था कि प्राचीन भारत एक मौलिक, शांतिपूर्ण और समृद्ध समाज था जिसे आर्यों ने पूर्ण रूप से पराजित करके उस पर विजय हासिल की और अपने ब्राह्मणवादी आदर्श और जाति व्यवस्था के सिद्धांत उन पर थोप दिए। आयोथी थास ने अपना दृष्टिकोण स्वतंत्र रूप से विकसित किया था और फुले के विपरीत उनका मानना था कि इस प्रक्रिया में हिंसा का नहीं अपितु छल-कपट का प्रयोग किया गया था। उनके अनुसार, तमिलनाडु के दलित ''जातिविहीन भारतीय'' या ''जातिविहीन तमिल'' थे, जो बुद्ध के गणक, शाक्यों के वंशज थे।

तमिलनाडु में 1920 के दशक में उठे गैर-ब्राह्मण आंदोलन ने, तथापि आयोथी थास के योगदानों को महत्त्व नहीं दिया। यह आंदोलन महाराष्ट्र की तुलना में संभ्रांत वर्ग पर अधिक आधारित था जिसमें तेलुगू और मलयालम भाषी क्षेत्रों के अपेक्षाकृत अधिक उच्च जाति के वेलाल और अन्य गैर-ब्राह्मण जमींदार और व्यावसायिक शामिल थे जिन्होंने कोई जन-आंदोलन खड़ा किए बिना, ब्राह्मणों से अपने बल पर मुकाबला किया (देखें इरशिक 1969; गीथा एवं राजादुरई भी देखें)। उनका राजनीतिक दल, साउथ इंडियन लिबरल एसोसिएशन, 1920 के दशक में भारत की विधान परिषद् में सबसे अधिक सफल गैर-ब्राह्मण दल था।

परंतु, 1920 के दशक में एक नया, उग्रवादी, जन-समर्थित आंदोलन उठ खड़ा हुआ। इसके नेता ई.वी. रामास्वामी, ''पेरियार'' (1879-1973) इरोडे के एक महाजन परिवार के थे। वह 1919 में कांग्रेस में शामिल हुए, किंतु इसके ब्राह्मणवादी नेतृत्त्व को देखकर, धीरे-धीरे उनकी भ्रांति दूर होने लगी। 1920 के दशक के आरंभ में, उन्होंने वायकोम मंदिर सत्याग्रह में भाग लिया, और कहा जाता है कि उन्होंने आक्रामक रुख अपनाते हुए गांधी का विरोध किया। बाद में उन्होंने तर्क दिया कि जब उन्होंने समझौता करने का प्रयास किया तो गांधी ने उन्हें सत्याग्रह से

बाहर धकेल दिया। इसके बावजूद, तमिलनाडु में पेरियार का ''वायकोम के हीरो'' के रूप में स्वागत किया गया। विधानसभा में गैर-ब्राह्मणों एवं दलितों के लिए आरक्षण के प्रस्ताव पर उनका कांग्रेस से टकराव हुआ। पेरियार ने 1925 में कांग्रेस छोड़ दी। दक्षिण भारत के 1927 में अपने दौरे के दौरान, गांधी ने वर्णाश्रम धर्म का समर्थन किया और पेरियार ने, व्यक्तिगत बैठकों के दौरान और अपनी पत्रिका *कुडी अरासू* में इसका तीव्र विरोध किया। उन्होंने दावा किया कि देश को स्वतंत्रता प्राप्त करने के लिए तीन शर्तों को पूरा करना होगा: कांग्रेस, तथाकथित हिंदू धर्म और ब्राह्मण प्रभुत्व का विनाश करना होगा (मुरुगेसन एवं सुब्रमण्यम 1975, 64 देखें)।

पेरियार ने 1926 में ''आत्म-सम्मान लीग'' की स्थापना की और 1929 में इसका प्रथम सम्मेलन आयोजित किया गया। यह आंदोलन पूरे तमिलनाडु में फैला। इसका लक्ष्य फुले के सत्यशोधक समाज के समान था जिसमें ब्राह्मण पुरोहिताई का विरोध, जातियों के उन्मूलन का आह्वान, और महिलाओं की स्वतंत्रता का समर्थन किया गया था। उन्होंने सभी धर्मों का, फुले से अधिक विरोध किया, और नास्तिकतावाद का समर्थन किया जो गैर-ब्राह्मण संभ्रांतों के संशोधित शैववाद के विपरीत था:

कोई ईश्वर नहीं है,
कोई ईश्वर नहीं है,
कोई ईश्वर है ही नहीं।
वह, जिसने ईश्वर की रचना की, मूर्ख है
वह, जिसने ईश्वर का प्रचार किया, नीच है
वह, जो ईश्वर की पूजा करता है, असभ्य और गंवार है।

फुले के आस्तिकवाद और पेरियार के नास्तिकवाद के द्वंद्व को, एक प्रकार से केरल जैसे एक छोटे राज्य में दोहराया गया, जहां नारायणस्वामी गुरु के ''एक धर्म, एक जाति, एक ईश्वर'' के सिद्धांत का उनके नास्तिक शिष्य अयप्पन ने 'मानवजाति के लिए ना कोई धर्म, ना कोई जाति और ना कोई ईश्वर' का नारा देकर विरोध किया। ''आत्म-सम्मान आंदोलन'' के उग्रवादी राष्ट्रवाद ने उस समय के अनेक लोगों को प्रेरित किया जिनमें एक कवि भारती दासन भी थे जिन्होंने अपना प्रथम कविता संग्रह 1938 में प्रकाशित किया जिसमें स्वर्ण-युग की ओर लौट जाने का धार्मिक पुनरुत्थानवादी आह्वान नहीं था, बल्कि एक स्वायत्तशासी आधुनिकता की प्रेरणा थी:

क्या महिलाओं के अधिकारों को अस्वीकार करना महानता है
या महिलाओं की प्रगति का समर्थन करना महानता है?

क्या महिलाओं का प्रेम की खातिर विवाह करना सही है,
या बाल विवाह करके उन्हें मार देना सही है?
क्या इस पतन में भी वेदों, ईश्वर पर विश्वास करना सही है,
या इस धरा पर समाजवाद की स्थापना करना सही है?
क्या हम ऐसे ही विभाजित होकर जीते रहेंगे?
या हम कभी अपने आत्म-सम्मान के लिए उठ खड़े होंगे?
(इरशिक 1986, 224-25 में उद्धृत)

भारत दासन का समाजवाद 1930 के दशक में एक नए उग्रवाद और जाति-विरोध तथा वर्ग संबंधी प्रकरणों की एक अस्थायी प्रक्रिया को प्रतिबिंबित करता है। एक ओर, पेरियार का समानतावाद, जाति-विरोधी उग्रवाद और नास्तिकवाद, जिन्हें शक्तिशाली तमिल भाषणों में अभिव्यक्त किया जा रहा था, निम्न श्रेणियों के लड़ाके युवाओं को अपनी ओर आकर्षित कर रहा था और पुराने गैर-ब्राह्मण आंदोलन को नया जीवन दे रहा था और इसे उग्र सुधारवादी का स्वरूप प्रदान कर रहा था। दूसरी ओर, सिंगारावेलू ने एक शानदार भूमिका निभाई जो मछली पालक श्रमिकों का यूनियन लीडर था और जिसे ''दक्षिण भारत का पहला साम्यवादी'' समझा जाता था। वह आयोथी थास के 'शाक्य बौद्ध धर्म' से संबंधित था, और वह स्वतंत्र रूप से एक श्रमिक दल का गठन करने वाला पहला भारतीय था जिसे कम्युनिस्ट पार्टी का अग्रवर्ती माना जाता है (देखें मुरुगेसन एवं सुब्रमण्यम 1975)।

1932 में, पेरियार ने सोवियत यूनियन की यात्रा की और वहां नास्तिक समाजवाद की ठोस उपलब्धियों को देखकर बहुत प्रभावित हुए, जबकि सिंगारावेलु ने *कुडी अरासू* में समाजवाद तथा इतिहास की भौतिकवादी (materialistic) व्याख्या करते हुए कई लेख लिखे। पेरियार के लौटने के बाद, उन्होंने और सिंगारावेलु ने दिसंबर 1932 में आत्म-सम्मान कार्यकर्ताओं के समक्ष एक नया कार्यक्रम रखा, जिसमें एक नए राजनीतिक दल की स्थापना का सुझाव दिया गया, जिसका नाम समाजवाद के निकटतम समानार्थी के रूप में ''समधर्म पार्टी'' होगा। अब आत्म-सम्मान के मंच से समाजवाद का प्रचार होने लगा, जबकि गैर-ब्राह्मणों द्वारा जमींदार-विरोधी और साहूकार-विरोधी सम्मेलन किए जाने लगे।

किंतु वाम और जाति-विरोधी आंदोलनों का एकसाथ आना, आरंभ से ही निष्फल प्रतीत हो रहा था। एक ओर गैर-ब्राह्मण आंदोलन के रूढ़िवादियों ने इसका विरोध किया, और जब 1933 में पेरियार को गिरफ्तार करके जेल में बंद कर दिया गया, तो यह स्पष्ट हो गया कि आंदोलन पर ब्रिटिश दबाव बढ़ रहा था। दूसरी ओर, बंबई में

केंद्रित साम्यवादी नेता वर्ग पद्धति को कमजोर करने के प्रयास को शंका की दृष्टि से देख रहे थे। सिंगारवेलु के प्रकार के देशी समाजवाद, जिसे खतरनाक गैर-वर्ग बलों, जैसे जाति-विरोधी आंदोलन और क्षेत्रीय-राष्ट्रीय पहचान का समर्थक माना जाने लगा था, पर कठोर नियंत्रण लगाना पड़ा। वर्ष 1934 तक, सिंगारवेलु ने, जिसकी आयु सत्तर से अधिक हो चुकी थी, यह कहना शुरू कर दिया कि समधर्म शब्द को हटा देना चाहिए और इस आंदोलन को खुल्लमखुल्ला समाजवादी कहा जाना चाहिए। वास्तविक विभाजन एक स्पष्ट राजनीतिक मुद्दे पर हुआ: कि 1934 के चुनावों में किसी समाजवादी दल के मौजूद न होने पर, आत्मसम्मान आंदोलन को जस्टिस पार्टी को समर्थन देना चाहिए या कांग्रेस को? पेरियार को अपना राजनीतिक भविष्य जस्टिस पार्टी का पुनरुद्धार करने और उसे उग्र सुधारवादी बनाने में दिखाई दे रहा था। वामपंथी अपना भविष्य केवल कांग्रेस में देख रहे थे जिसे 1935 आने तक वे स्पष्ट रूप से ''साम्राज्यवाद-विरोधी यूनाइटेड फ्रंट'' कहने लगे थे। 1936 में, कम्युनिस्ट नेताओं ने सिंगारवेलु एवं अन्य लोगों से अपने संगठन समाप्त करने और उनके स्थान पर कांग्रेस सोशलिस्ट पार्टी में शामिल होने को कहा, जो पूर्ण रूप से ऑल-इंडिया नेशनल कांग्रेस का हिस्सा थी और जिसमें साम्यवादी काम कर रहे थे। इस सम्मेलन में, जिसमें आत्म-सम्मान आंदोलन को समाप्त किया गया था, डांगे ने अपने भाषण में भाषा पर आधारित राष्ट्रवाद के खतरों पर बल दिया: ''उन्होंने सम्मेलन को याद दिलाया कि केवल तमिलनाडु ही नहीं, बल्कि पूरा भारत ब्रिटिश साम्राज्यवाद के कब्जे में है, और जब तक अखिल भारतीय स्तर पर भारत को ब्रिटिश साम्राज्यवाद के बंधनों से मुक्त नहीं कर दिया जाता, समाजवाद का स्वप्न भी देख पाना असंभव है'' (वही., 83)।

युवा उग्रवादी साम्यवादी काडरों का आंदोलन को छोड़ देने का परिणाम यह हुआ कि आंदोलन में वर्गों का महत्त्व समाप्त हो गया। पेरियार और उनके सहयोगी ब्राह्मणवादी वामपंथियों का विरोध कर रहे थे, और भाषायी राष्ट्रवाद को अधिक समर्थन दे रहे थे। दक्षिण के गैर-आर्यों को विशिष्ट प्रजातीय और राष्ट्रीय पहचान देना सरल था: वहां के लोगों की भाषा स्पष्ट रूप से गैर-यूरोपीय मूल की थी और वहां के मूल निवासी द्रविड़ या तमिल थे। फुले ने विष्णु के अवतारों की कथाओं पर यह कहकर हमला किया था कि यह उपमहाद्वीप पर बाहर से आए आर्यों की विजय को दर्शाती हैं; पेरियार ने इसे दक्षिण पर उत्तर की विजय कहा। फुले ने पौराणिक किसान राजा ''बलि राजा'' को नायक माना; तमिलों ने रावण को दक्षिण का प्रतीक कहा। ऐसा करके वह केवल रामायण की लोकप्रिय परंपरा का

निर्वाह कर रहे थे। दक्षिण और पश्चिम भारत में, तथा दक्षिण-पूर्वी एशिया और कश्मीर में भी रामायण महाकाव्य के अनेक गैर-वाल्मिकी संस्करणों में रावण को नायक कहा गया है। इन संस्करणों में रावण के प्रेम और युद्ध, उसके नायकत्व और दु:खद अंत को दर्शाया गया है, जबकि चीनी और उत्तरी भारत के संस्करणों में राम को केंद्र में रखते हुए सामंतवादी, पितृसत्तात्मक और धर्मतंत्रात्मक मूल्यों पर बल दिया गया है।

1940 के दशक तक विरोधी राजनीति पर तमिल/द्रविड़ राष्ट्रवादी मुद्दे छाए रहे। 1936 में भारत के अधिकांश भागों के समान, मद्रास प्रदेश में कांग्रेस सरकार (राजगोपालाचारी की अध्यक्षता में) सत्ता में आई। सुमित सरकार का कहना है कि जब कांग्रेस ने, 'अक्सर ''वामपंथ'' के शब्दाडंबरों में छिपकर सधे कदमों से दक्षिणपंथ को अपनाना शुरू किया' (सरकार 1983, 351), तो देश के कई भागों में किसान और मजदूर संगठन आक्रामक हो उठे। मद्रास में भी हड़तालें और आंदोलन हुए, किंतु पेरियार और साम्यवादियों के बीच दरार आ गई, जिसका तात्पर्य था कि वर्ग-जाति संघर्ष में कोई समन्वय नहीं था, यहां तक कि उनका कोई साझा आधार भी नहीं था। स्वयं पेरियार भी केवल एक विचारक थे और आर्थिक विषयों में उनकी रुचि क्षणिक थी। समाजवादी काडर की प्रेरणा के अभाव में, उन्होंने द्रविड़/तमिल राष्ट्रीयता पर बल देते हुए, हिंदी लागू करने के विरोध में लगातार आंदोलन करने शुरू कर दिए। पाकिस्तान की मांग बढ़ने पर इस आंदोलन को बल मिला, और 1939 में एक पृथक और स्वतंत्र द्राविड़ीस्तान का समर्थन करते हुए द्रविड नाडु सम्मेलन ने पाकिस्तान की राह पर चलते हुए एक अलग देश की मांग की (डेहल 1977, 62)।

भारत के विभिन्न भागों में क्षेत्रीय राष्ट्रवाद ने पैर फैलाने शुरू कर दिए थे।। आरंभ से ही पाकिस्तान की मांग को केवल धार्मिक संदर्भ में नहीं, बल्कि धार्मिक-प्रादेशिक संदर्भ में उठाया गया था, जिसमें उत्तर-पश्चिमी क्षेत्र को शामिल किया गया था: प्रारंभिक ब्यौरों में केवल ''पाकिस्तान, हिंदुस्तान और बंगाल'' का उल्लेख था, और 1938-39 के एक प्रस्ताव में हैदराबाद को मिलाकर चार स्वतंत्र राज्यों की मांग की गई थी। 1940 के दशक तक जिन्ना इन चार प्रदेशों में द्राविड़ीस्तान को भी शामिल करना चाहते थे (मूरे 1990)। 1938-39 के प्रस्ताव के बाद एक संयुक्त हिंदू-मुस्लिम ''दक्कनी'' संस्कृति को अपनी पहचान का सांस्कृतिक आधार देने के लिए, निज़ाम के समर्थन में हैदराबाद में एक तीव्र आंदोलन शुरू हुआ। इस आंदोलन को कुछ प्रमुख दलित नेताओं का समर्थन मिला, किंतु अंतत: इसे सामंती

व्यवस्था के साथ संबंधों के कारण संकटों का सामना करना पड़ा और इसने हिंदू और मुसलमान, दोनों ही रूढ़िवादों का विरोध किया।

इसी प्रकार, सिक्ख/पंजाबी लोग ब्राह्मणों और बनियों के खिलाफ गैर-ब्राह्मणों के प्रतिरोध का समर्थन करते हुए, क्षेत्रीय और धार्मिक आधार पर अपनी अलग पहचान अभिव्यक्त करने लगे। कश्मीर में, मुस्लिम कश्मीरियों ने, केवल धर्म के आधार पर नहीं, बल्कि क्षेत्रीय/प्रजातीय आधार पर, ''कश्मीरियत'' के रूप में अपनी पहचान प्रकट की। यहां तक कि सुदूर उत्तर-पूर्व में, शिक्षित असमियों ने, हिंदूवाद (वैष्णववाद) का समर्थन करते हुए, अपनी बंगाली-विरोधी पहचान पर बल दिया; मैदानी क्षेत्रों के आदिवासी उच्च-जाति के असमियों की पहचान पर प्रश्न उठा रहे थे और एक विशिष्ट उत्तर-पूर्वी पहचान का दावा कर रहे थे। उनकी पहचान में उच्च जाति के असमी हिंदुओं की आर्य पहचान और मुसलमान पहचान के विपरीत मंगोल जाति से संबंधित होने की भावना अधिक प्रबल थी। अखिल-असम जनजाति एवं प्रजाति संघ के, 1945 में हुए प्रथम सम्मेलन में, एकमत से पारित किया गया कि:

> इस तथ्य को देखते हुए कि ऐतिहासिक रूप से, अपनी पहाड़ियों सहित असली असम, कभी भी भारत का प्रदेश या हिस्सा नहीं था और इसके लोग, इसमें रहने वाली जनजातियां और प्रजातियां शेष भारत के लोगों से जातीय और सांस्कृतिक आधार पर पूरी तरह भिन्न हैं, यह सम्मेलन अपनी पहाड़ियों सहित असली असम को भारत, पाकिस्तान या हिंदुस्तान के किसी भी प्रस्तावित विभाजन में शामिल होने का जोरदार विरोध करता है, और मांग करता है कि इसे एक अलग स्वतंत्र प्रदेश के रूप में गठित किया जाए, जिसमें असम के सीमावर्ती पहाड़ी जिलों को शामिल किया जाए। (फुकोन 1986 में उदधृत)

अत:, 1940 के दशक में ''उप-राष्ट्रीय'' पहचान राजनीति का एक प्रमुख अंतर्प्रवाह (undercurrent) बनती जा रही थी। यह ध्यान देने योग्य है कि हमेशा इसका तात्पर्य एक अलगाववादी राष्ट्रवाद नहीं था; अधिकतर सीमावर्ती क्षेत्रों में इसकी संभावना अधिक थी। यह पहचानें एक शिथिल संघीय केंद्र के साथ स्वायत्तता की मांग कर सकती थीं। अत:, उदाहरण के लिए, पंजाब में यूनियनिस्ट पार्टी के नेता, सिकंदर हयात खान ने एक ''मुस्लिम राज'' के रूप में पाकिस्तान बनाने का विरोध किया और इसके स्थान पर एक तीन-स्तरीय ढांचे का सुझाव दिया जिसमें स्वायत्तशासी प्रदेशों को सात क्षेत्रों में समूहित किया जाए - इन्हें एक खुले संघ में जोड़ दिया जाए- जिनमें केंद्र का रक्षा, विदेशी मामलों, मुद्रा और सीमाशुल्क पर ही अधिकार हो (सरकार 1983, 378-80)। शेख अब्दुल्ला की

नेशनल कांफ्रेंस ने इसी प्रकार की स्वायत्तता की मांग करते हुए कश्मीर को भारत संघ में मिलाने की स्वीकृति दी थी; और स्वतंत्रता के पश्चात् इस मांग को पंजाब और कश्मीर, दोनों में स्वतंत्र राज्यों के लिए हुए आंदोलनों के माध्यम से कई बार दोबारा दोहराया गया।

इसी दौरान, पेरियार ने भारत के भविष्य के प्रश्न पर अपना ध्यान केंद्रित करने का फैसला किया और एक राजनीतिक संगठन का गठन करने में सफलता प्राप्त की जो तमिलनाडु की एक प्रमुख पार्टी बनी। 1944 में उन्होंने जस्टिस पार्टी को पुनर्जीवित किया, इसका नाम बदलकर द्रविड़ कझगम (डीके) रखा और एक 'स्वायत्त, स्वतंत्र द्रविड़ गणतंत्र' बनाने के लक्ष्य की घोषणा की। इसके लिए एक लाल रंग के चक्र सहित काले रंग का झंडा अपनाया गया। दक्षिणवासियों की गुलामी को दर्शाने के लिए स्वतंत्रता दिवस को ''शोक दिवस'' घोषित किया गया (डेल 1977, 62-63)। डीके ने कुछ सूत्रों को एक साथ जोड़कर तमिल राष्ट्रवाद पर ध्यान केंद्रित किया गया:

हमें हमारा देश चाहिए;
इसका नाम बदल कर तमिलनाडु करो;
अखिल-भारतीय संघ सरकार का अर्थ है
हिंदू धर्म की रक्षा करने वाली सरकार;
हमें हिंदू दिल्ली को छोड़ना होगा।
(वही., 63)

इस प्रकार दक्षिण में जाति-विरोधी आंदोलन के साथ तमिल राष्ट्रवाद एक शक्तिशाली बल बनकर उभरा। किंतु इसकी कोई भी बड़ी मांग पूरी नहीं हो सकी। स्वतंत्रता-पश्चात् कांग्रेस सरकार द्रविड़ बलों के उग्रवाद को समाप्त करने में सफल रही। डीके ने द्रविड़ मुनेत्र कझगम (डीएमके) को जन्म दिया जिसने पृथक राज्य की मांग को छोड़ दिया, और इसके बाद यह अखिल भारतीय अन्ना द्रविड़ मुनेत्र कझगम (एआईएडीएमके) में परिवर्तित हुई जिसने अपने सुपरस्टार नेता की लोकप्रियता का लाभ उठाया और एक अखिल-भारतीय पहचान का दावा किया, कांग्रेस के साथ संबंध जोड़े और अंत में, अपने मृत हीरो की फिल्म स्टार साथी को, तेज़-मिजाज तानाशाह नेता के रूप में स्थापित किया। द्रविड़ आंदोलन की सबसे बड़ी समस्या यह थी कि उसे दलितों का समर्थन प्राप्त करने में कठिनाई हुई, जिन्हें फुले ने अपनी रणनीति के केंद्र में रखा था। तमिलनाडु में, सबसे विख्यात दलित लीडर उग्रवादी अम्बेडकर नहीं, बल्कि हिंदू महासभा के एम.सी. राजाह थे और उनका द्रविड़

आंदोलन से अलग रहना भी, दलितों के आंदोलन से दूर रहने का कारण था। इस प्रकार दक्षिण भारत एक शक्तिशाली गैर-ब्राह्मण आंदोलन और 'हिंदूवाद' के कटु विरोध का साक्षी रहा, किंतु अन्य क्षेत्रों की तुलना में यहां साम्यवादियों और द्रविड़ों, तथा दलितों और गैर-ब्राह्मणों के बीच अधिक दरारें दिखाई दीं।

अत:, साम्राज्यवाद के दौरान क्षेत्रीय या उप-राष्ट्रीय (भाषावादी राष्ट्रवाद) पहचान की विशेष धाराएं देखने को मिली। वह, गैर-हिंदू धार्मिक पहचान के दावों के साथ, जटिल रूप में एक-दूसरे पर छाए रहे, किंतु उन सभी ने लगभग हमेशा ब्राह्मण-बनियों, दिल्ली-स्थित केंद्रीय शासन का विरोध किया। तर्कसंगत रूप में, इन आंदोलनों के परिणामस्वरूप स्वतंत्र राष्ट्र-राज्यों की स्थापना नहीं हुई; अक्सर स्वतंत्रता की मांग उठी, किंतु साथ ही एक विकेंद्रीकृत, संघीय ढांचे के निर्माण पर बल दिया गया जिसमें मौजूदा भारत संघ की तुलना में स्वायत्तताशासी प्रदेशों की संख्या अधिक हो। कांग्रेस की विजय ने, अंतत: भारतीय उपमहाद्वीप में ''हिंदू'' पहचान और एक केंद्रीकृत, दिल्ली-स्थित राष्ट्र की विजय को दर्शाया।

नौ

स्वतंत्र भारत

ब्राह्मणवादी समाजवाद, ब्राह्मणवादी भूमंडलीकरण

उपनिवेश काल के दौरान, भारत के कुलीन ब्राह्मण वर्ग ने एक उन्नत ''हिंदूवाद'' की रचना की जिसने भारतीय पहचान और भारतीय इतिहास की इस प्रकार पुनर्व्याख्या की जिससे निम्न जातियों के लोग, महिलाएं, आदिवासी और अन्य जातियों के लोग एक ''राष्ट्रीय समुदाय'' के रूप में जुड़ गए, जिसके मूल तत्त्व वैदिक, आर्य, ब्राह्मण परंपराओं पर निर्धारित किए गए। चाहे वह तिलक और गणपति समारोह हो या विवेकानंद और रामकृष्ण, अथवा दयानंद और आर्य समाज, सभी ने इस परंपरा के मूल रूप को परिभाषित करने के लिए अधिकतर उच्च जातियों के प्रतीक चिह्नों का प्रयोग किया। यहां तक कि हिंदू सिद्धांतवादियों द्वारा यह तर्क देने के बावजूद कि वास्तव में आर्यों का उद्‌भव इसी उपमहाद्वीप में हुआ था, आर्यों को मूल समूह न मानने की धारणा बनी रही। हालांकि आरएसएस और हिंदू महासभा के आक्रामक ''हिंदू राष्ट्रवादियों'' ने हिंदू धर्म को भारतीय राष्ट्र का प्रमुख केंद्र बनाकर, इसे अधिक उग्र मुस्लिम-विरोधी स्वरूप प्रदान किया, तथापि भारतीय इतिहास की उनकी कल्पनाओं और प्रसिद्ध धर्मनिरपेक्षवादियों, जैसे नेहरू और यहां तक कि डांगे की कल्पनाओं में आश्चर्यजनक समानताएं मौजूद थीं।

गांधी ने राम राज जैसी भावनात्मक हिंदू शब्दावली का प्रयोग करते हुए स्वयं को इस परंपरा का पूर्ण अनुयायी माना, तथा अहिंसा और सत्य को इसका मूल मानते हुए हिंदुत्व की पुनर्व्याख्या करने का प्रयास किया। उन्होंने ग्राम स्वराज्य और एक

विकेंद्रीकृत, ग्राम-केंद्रित अर्थव्यवस्था की धारणा के साथ विकास का एक भिन्न मार्ग अपनाने की पेशकश की। किंतु यह मार्ग राम राज से, तथा अपनी आवश्यकताओं को सीमित रखने की प्रौद्योगिकीकरण-विरोधी तथा काम-विरोधी विचारधारा के साथ इतना जटिल रूप से जुड़ा हुआ था कि इस पर, अम्बेडकर जैसे लोगों के बीच संदेह उत्पन्न करने के लिए उचित तर्क की आवश्यकता थी तथा भारतीयों को उनकी वर्तमान, साम्राज्यवाद द्वारा प्रेरित गरीबी से उबारने की जरूरत थी।

अंत में, गांधी स्वयं हिंदू राष्ट्रवादियों के शिकार हुए जो विभाजन के लिए गांधी को जिम्मेदार मानते हुए उनसे बुरी तरह नाराज़ थे। तब भी, समकालीन ''संशोधनवादी'' इतिहास के विद्वान, विभाजन को चुनने के लिए कांग्रेस के नेताओं को जिम्मेदार मान रहे थे। संयुक्त और अविभाजित भारत, अनिवार्य रूप से विकेंद्रीकृत और संघबद्ध होता जिसमें मुस्लिम-बहुल क्षेत्रों को अनेक प्रकार की छूट दी गई होती; और केवल एक कटा-फटा (turncated)भारत ही वह केंद्रीकृत राष्ट्रीय संरचना दे सकता था जिसकी वह मांग कर रहे थे (रॉय 1991)।

संपूर्ण उपनिवेश काल के दौरान तथा ''मुस्लिम समस्या'' की विचारधारा के प्रसार से पूर्व भी, ऐसे अनेक बल मौजूद थे जो भारतीय समाज और इतिहास में हिंदुओं की बहुसंख्या का विरोध कर रहे थे। यह जोतिबा फुले के लेखों में स्पष्ट रूप से देखने को मिलता है। किंतु यह बल बंटे हुए और गौण थे। स्वयं साम्यवादी भी, जो ''बुर्जुआ'' कांग्रेस के प्रमुख ''वर्ग'' विरोधी होने का दावा कर रहे थे, श्रमिक वर्ग में अपना अच्छा समर्थन होने और तेलंगाना विद्रोह को बार-बार उकसाने के बावजूद, जनता को संघटित करने जैसी कोई गंभीर चुनौती दे पाने में असमर्थ थे। इससे भी बड़ी समस्या यह रही कि उन्होंने कभी भी इतिहास की हिंदूवादी व्याख्या का विरोध नहीं किया। कम्युनिस्टों द्वारा इतिहास की प्रख्यात व्याख्या, यथा डांगे द्वारा लिखित *इंडिया: फ्रॉम प्रिमिटिव कम्युनिज़्म टु स्लेवरी* में भी भारत का इतिहास आर्यों से शुरू होने का उल्लेख किया गया है। महाराष्ट्र में गैर-ब्राह्मण/सत्यशोधक आंदोलन को 1930आदि में लागू किया गया; तमिलनाडु में द्रविड़ आंदोलन काफी लंबे समय तक चला, जो वाम और दलित आंदोलनों से काफी अलग था। आरंभिक नारीवादियों की उग्र आवाजें, स्वतंत्रता-पूर्व होने वाले अधिक समझौताकारी और उच्च-वर्गीय महिला आंदोलनों के भार तले दब गई। 'अखिल-भारतीय' विकास के प्रभाव के बिना, उत्तर-पूर्व जैसे सीमांत क्षेत्र सुदूरवर्ती बने रहे। इस संदर्भ में, 1920 के दशक से होने वाले दलित आंदोलन, प्रभुतासंपन्न कुलीनों के लिए सांस्कृतिक और आर्थिक चुनौती बन गए, किंतु अम्बेडकर जैसे नेताओं और देशभर के अन्य

असंख्य लोगों को, मूलतः शूद्र-अति-शूद्र एकता के बिना, अपने बल पर आधिपत्य प्राप्त करने की कोई उम्मीद नहीं थी जिसे फुले ने भी दर्शाया था और जिसे अम्बेडकर भी स्थापित करना चाहते थे।

अंत में, कांग्रेस की विजय हुई। वामपंथ द्वारा कांग्रेस का सामान्य वर्गीकरण ''बुर्जुआ'' (राष्ट्रीय, एकाधिकारी, कंप्रेडर) या बुर्जुआ-जमींदार बल के किसी रूप में करना वास्तविकता से दूर था। अम्बेडकर का ''बुर्जुआ-ब्राह्मण'' या अधिक उपयुक्त रूप में बुर्जुआ (बनिया)-नौकरशाही (ब्राह्मण) अधिक उपयुक्त होता। गांधी की हत्या के साथ ही संघर्ष का युग समाप्त हो गया, स्वाभाविक रूप से शिष्ट और परिष्कृत नेहरू ने पार्टी की कमान संभाली। दूसरी पंचवर्षीय योजना में - भारी औद्योगीकरण और राज्य क्षेत्र पर ध्यान केंद्रित करते हुए, 'विकास की समाजवादी पद्धति' - का चुनाव किया गया। इस स्थिति पर, सोवियत संघ द्वारा किए गए सफलताओं के जोरदार दावों, सभी नव-स्वतंत्र देशों के राज्य-नियंत्रित विकास की ओर जबरदस्त झुकाव और इन विषयों पर ''विकसित अर्थव्यवस्थाओं'' के बीच हुए आपसी मतैक्य का प्रभाव पड़ा। किंतु आरंभ से ही ''नेहरू मॉडल'', विशेष रूप से हिंदू प्रकार का था। नेहरू ने स्वयं पूंजीवाद की तुलना में समाजवाद के चयन की व्याख्या करते हुए कहा था:

> पुरानी संस्कृति अनेक प्रचंड तूफानों और झंझावतों को झेलने के बाद भी जीवित रही, किंतु, अपने बाहरी स्वरूप को बनाए रखते हुए, इसने अपने सच्चे स्वरूप को खो दिया। आज, यह मौन और निराश होकर एक नए और सशक्त विरोधी - पूंजीवादी पश्चिमी दुनिया की बनिया सभ्यता- से संघर्ष कर रही है। यह इस नवागंतुक से पराजित हो जाएगी, क्योंकि पश्चिमी देशों ने विज्ञान को आगे बढ़ाया और विज्ञान ने करोड़ों भूखों के लिए भोजन प्रदान किया। किंतु पश्चिम ने इस गला-काट सभ्यता को बुराइयों से लड़ने के लिए एक विषहर औषधि (antidote) भी दी है - जो सहयोग के लिए समाजवाद के सिद्धांत और सामान्य जन की भलाई के लिए समुदाय की सेवा में निहित है। यह सेवा के पुराने ब्राह्मणवादी आदर्श से अधिक भिन्न नहीं है, किंतु इसका तात्पर्य सभी वर्गों और समूहों का ब्राह्मणीकरण (निश्चित रूप से धार्मिक रूप में नहीं) करना और वर्ग विभेद का उन्मूलन कर देना नहीं है। हो सकता है कि भारत पुराना वस्त्र फट जाने और जीर्ण-शीर्ण होने पर, अपना नया वस्त्र धारण करे, जो जरूरी है, तो उसे इस प्रकार तैयार करना होगा कि इसमें वर्तमान स्थिति और पुरानी विचारधारा, दोनों को समाविष्ट किया जा सके। (नेहरू 1941, 274-75)

कांग्रेस के समाजवाद के विरोध में वाम पक्ष का तर्क था कि यह पूंजीवादी–सुधारक थी क्योंकि इसने श्रमिक वर्ग के नेतृत्त्व को स्वीकार नहीं किया था। यह एक अधूरा तथ्य था। यह स्थिति उससे भी बुरी थी। निश्चित रूप से ''सेवा'' और ''सहयोग'' के नाम पर नेहरू ने ब्राह्मणवाद को आदर्श माना था, किंतु इसका स्पष्ट आशय यह था कि इसने प्रबंधन को सुगम बनाया था; समाजवाद में नियोजन और राज्यवाद के साथ सार्वजनिक क्षेत्र भी शामिल होता है। नेहरू को कभी ये विचार नहीं आया होगा कि इसका तात्पर्य बिल्कुल अलग, अर्थात् शूद्रों (श्रमिक वर्ग) का शासन होगा। गांधी की ''ट्रस्टीशिप'' की धारणा के खिलाफ वह केवल एक ही बात कहते थे कि यह ट्रस्टीशिप निजी पूंजीपतियों, या तिरस्कृत बनियों की ही हो सकती थी। सार्वजनिक क्षेत्र के हाथों में ब्राह्मणवादी ट्रस्टीशिप सौंपना एक अलग बात थी।

गांधी ने भारी उद्योगों से प्रेरित विकास का यह कहकर विरोध किया था कि 'मैनचेस्टर के कपड़े का प्रयोग करके हम केवल अपना पैसा बर्बाद करते हैं; किंतु मैनचेस्टर को भारत में लाकर हम अपने खून की कीमत पर अपना पैसा बचा लेते हैं, क्योंकि हमारा नैतिक बल सूख जाता है' (अइयर 1986, 257 में उदधृत)। भारत के नए संभ्रांत शासकों ने राज्य के स्वत्वाधिकार में ''मैनचेस्टर को भारत में लाने'' का काम किया। विकेंद्रीकृत विकास के लिए न तो गांधी और न ही कोई प्रख्यात गांधीवादी अर्थशास्त्री कोई तर्कपूर्ण आधार प्रस्तुत कर सके; गांधीवाद केवल नैतिक मूल्यों में सिमटकर रह गया और खादी और ग्रामोद्योगों को प्रोत्साहन के प्रयास सरकारी संरक्षण पर निर्भर होकर रह गए, जो वास्तविक आत्मनिर्भरता से कोसों दूर थे। औद्योगीकरण के लक्ष्य को तीसरी दुनिया के किसी देश ने अस्वीकार नहीं किया; और भारत की स्वतंत्रता के समय विकास के सिद्धांत को व्यापक रूप से एकमत से स्वीकार किए जाने के कारण, नेहरू–महालनोबिस प्रकार की योजनाओं और सार्वजनिक क्षेत्र के विकास पर पूरा ध्यान केंद्रित करना अनिवार्य हो गया। किंतु ग्राम–औद्योगीकरण के मार्ग पर न चलने की कीमत एक बड़े श्रमिक वर्ग को चुकानी पड़ी जो हमेशा की तरह गरीबी से जूझता रहा।

विकास के नेहरूवादी मॉडल के ब्राह्मणवादी समाजवाद ने एक शक्तिशाली महासंरचना - एक भारी औद्योगिक आधार, वैज्ञानिक एवं प्रौद्योगिक संस्थापनों, अति–व्यापक विश्वविद्यालय प्रणाली, एक शानदार सांस्कृतिक मंच का निर्माण किया। इसमें शामिल वृद्धि दर, जिसे अर्थशास्त्री राज कृष्णा ने उचित रूप में ''विकास की हिंदू दर'' का नाम दिया, स्वतंत्रता के पश्चात् प्रथम तीन दशकों में यह 3.5 प्रतिशत रही, जो आर्थिक विकास की पिछली दरों से काफी सम्मानजनक, किंतु

प्रति व्यक्ति केवल 1.5 प्रतिशत थी: इसमें 1980आदि में थोड़ी वृद्धि हुई जिससे प्रति व्यक्ति विकास दर 1965–1990 में 1.9 प्रतिशत हो गई। किंतु यह अन्य सभी निम्न आय देशों के 2.9 प्रतिशत से काफी कम थी, जबकि उसी अवधि में चीन की यही विकास दर 5.8 प्रतिशत थी। इस संबंध में साउथ कमीशन के आकलन के अनुसार:

> वृद्धि दर इतनी अधिक नहीं थी कि इसका रिसाव (trickle down)नीचे तक हो पाता... भारत में, युद्ध-पश्चात् पहले तीन दशकों में वृद्धि की दर विकासशील देशों की औसत दर से बहुत कम थी। भारत में प्रति व्यक्ति आय में 1.5 प्रतिशत प्रतिवर्ष की वृद्धि बहुत कम थी जिससे आम जनता के जीवन-स्तर में अधिक सुधार आने की संभावना नहीं थी। (द *चैलेंज टु साउथ* 1992, 84–85; आईबीआरडी 1992, तालिका 1, 218–19 भी देखें)

पूंजी-गहन उपायों का प्रयोग करके आयात-प्रतिस्थापन पर बल दिए जाने के कारण, औद्योगिक रोजगार काफी कम मात्रा में उत्पन्न हुआ, और अधिकतर भार कृषि को वहन करना पड़ा। प्रमुख रूप से कृषि क्षेत्र पर आधारित प्राथमिक क्षेत्र, जिसने अनुमानत: 75 प्रतिशत जनसंख्या को रोजगार दिया था और जो ब्रिटिश शासन के अंत में राष्ट्रीय आय में 54 प्रतिशत का योगदान दे रहा था (लाल 1988, 221), ने 1991 में भी, 67 प्रतिशत श्रमिकों को रोजगार प्रदान किया था, किंतु जीडीपी में इसकी भागेदारी घटकर 31 प्रतिशत रह गई थी जिसका अर्थ था कि कृषि क्षेत्र में लगे लगभग प्रत्येक व्यक्ति को कुल आय के बहुत कम अनुपात में लाभ मिल रहा था (*सेन्सस ऑफ इंडिया* 1991; *वर्ल्ड डेवलपमेंट रिपोर्ट* 1992, तालिका 2)। इस निर्धन प्राथमिक क्षेत्र ने अपने अतिरिक्त श्रमिकों को निकाल बाहर किया, उनमें से अधिकांश को कारखानों में सुरक्षित नौकरियां नहीं मिलीं और ''असंगठित क्षेत्र'' के रूप में उनकी संख्या बढ़ने लगी; वे शहरों और छोटे नगरों की झुग्गी-झोंपड़ियों में रहने लगे।

मानव कल्याण के संदर्भ में इसका अर्थ था कि उद्योग और कृषि में विकास कार्यों से अधिकांश जनता को कोई विशेष कल्याणकारी लाभ नहीं मिला। 1990 तक महिलाओं का औसत जीवनकाल 58 वर्ष और पुरुषों का 60 वर्ष हो गया, जो 1965 के क्रमश: 44 वर्ष और 46 वर्ष से कहीं अधिक था, और औपनिवेशिक काल की तुलना में इसमें प्रचंड वृद्धि हुई थी, जब 1941 तक औसत जीवनकाल 30 वर्ष तक भी नहीं पहुंच पाया था। किंतु भारत कुपोषित और कमजोर जनता का देश था जो औसतन 2229 कैलोरी प्रतिदिन पर जीवन बसर कर रही थी (*वर्ल्ड डेवलपमेंट रिपोर्ट* 1992, तालिका 28, 273–74; तालिका 22, 280–81) और भारत दुनिया का एक

अकेला ऐसा बड़ा देश बना हुआ है, जहां आज भी महिलाओं का जीवनकाल पुरुषों से कम होता है। जैसाकि भूख पर हुए एक अंतर्राष्ट्रीय सर्वेक्षण से पता चला, कि 1980 और 1990 के बीच, चार वर्ष से कम आयु के 41 प्रतिशत बच्चे सामान्य से कम वज़न के थे, और 30 प्रतिशत बच्चों का वज़न जन्म के समय सामान्य से कम था। 1980 के दशक तक भी 20 प्रतिशत जनसंख्या की पहुंच स्वास्थ्य सुविधाओं तक नहीं थीं; 24 प्रतिशत शहरी और 50 प्रतिशत ग्रामीण जनसंख्या को साफ पानी उपलब्ध नहीं था; और 28 प्रतिशत शहरी तथा 40 प्रतिशत ग्रामीण जनता को नितांत निर्धन स्तर पर वर्गीकृत किया गया (*हंगर 1992*, तालिका 2 एवं 3, 180-83)। समग्र गणनाओं में विश्व बैंक के आंकड़ों के अनुसार, देश में निर्धनों की संख्या 42 करोड़ और 'अति निर्धनों' की संख्या 25 करोड़ थी; इन निर्धनों में से अनुमानत: 77 प्रतिशत लोग ग्रामीण इलाकों के थे (*वर्ल्ड डेवलपमेंट रिपोर्ट, 1990; पावर्टी*, 31)। विश्व बैंक के अनुसार, 1972 से इस संख्या में कमी आई है, किंतु सकल आंकड़ों के अनुसार भारत अभी भी विश्व का निर्धनतम देश है, जहां विश्व के कुल निर्धनों की एक-तिहाई से अधिक जनसंख्या निवास करती है।

यह स्थिति स्वतंत्रता सेनानियों, जिन्होंने न केवल स्वतंत्रता के लिए, बल्कि समृद्धि और समानता के लिए भी संघर्ष किया था, और सबसे पहले समानता पर बल देने वाले दलित और गैर-ब्राह्मण आलोचकों, दोनों के स्वप्नों से पूरी तरह अलग थी। जब 1960 के दशक के उत्तरार्ध में संकट गहराने लगा, तो इस स्थिति को बदलने का दबाव बढ़ने लगा। 1980आदि में उदारीकरण के प्रायोगिक प्रयासों के बाद, 1990 के दशक में संपूर्ण रूप से ''नई आर्थिक नीति'' को अपनाया गया। देश ने ''उदारीकरण, निजीकरण और वैश्वीकरण'' (एलपीजी) के एक नए युग में प्रवेश किया जो मध्यवर्ग के उत्थान का मंत्र बना।

व्यापार का उदारीकरण किया गया; विदेशी पूंजी का अधिक प्रसार हुआ; अंतर्राष्ट्रीय बाजार में रुपये का मुक्त संचलन किया गया; सार्वजनिक क्षेत्र की बड़ी-बड़ी अकुशल कंपनियां बिकने लगीं। धीरे-धीरे, लाइसेंस-परमिट राज को, आंशिक रूप से समाप्त कर दिया गया। ''हिंदू विकास दर'' ने तीव्र आर्थिक विकास का मार्ग प्रशस्त किया। भारत को विश्व आर्थिक शक्ति के रूप में देखा जाने लगा और भारत ने विश्व के वैश्वीकृत जंगल में घूमने वाले एक ''नए शेर'' का दर्जा हासिल कर लिया।

आंशिक रूप से इसे शासक वर्ग के दो भागों के बीच संघर्ष के रूप में देखा जा सकता है - एक प्रमुख रूप से औद्योगिक पूंजीपतियों की बनिया श्रेणी थी (जिसमें

आईटी क्षेत्र के कुछ अत्यधिक ब्राह्मणवादी प्रतिष्ठान भी शामिल थे), और दूसरी ब्राह्मण-वर्चस्व वाली नौकरशाही। ''हिंदू विकास दर'' में परिवर्तन शुरू हो गया; यह बढ़कर 9 और 10 प्रतिशत हो गई। शेयर बाजार तेज़ी से ऊपर चढ़ने लगा। 2008 के उत्तरार्ध में आई वैश्विक मंदी के बावजूद, इसमें बढ़ोतरी होती रही। इसका एक कारण यह भी था कि जब विश्व के अर्थव्यवस्था प्रमुखों ने *'टैक्स हैवन'* के रूप में चलने वाले छोटे टापूओं को, जहां काला धन रखा जाता था, को बंद करने का निर्णय लिया, तो विश्व भर का ''काला धन'' भारत में आने लगा; किंतु भारत का अपना घरेलू बाजार काफी ठोस था। कुछ संदर्भों में, यह *''शाइनिंग इंडिया''* का दौर था।

किंतु असमानताएं ज्यों की त्यों बनी रहीं, जो पहले के अधिक निष्क्रिय और गतिहीन काल में भी मौजूद थीं। पहले किए गए साउथ कमीशन के मूल्यांकनों के विपरीत, विकास काफी अधिक था जिसमें नीचे तक रिसाव की गुंजाइश थी, पर शायद ही कोई रिसाव हुआ। भारत में, अन्य विकासशील देशों की तुलना में भी, सभी मानवाधिकार संसूचक काफी निम्न थे। गरीबी में कम हुई, किंतु कदाचित यह अनुपात बहुत कम था। लाखों लोग अभी भी भुखमरी से जूझ रहे थे; और किसान आत्महत्या कर रहे थे क्योंकि कृषि अभी भी पिछड़ी हुई थी और उससे उदार राज्य प्रशासन के अंतर्गत भी उतना ही भेदभाव किया जाता था जितना राष्ट्रवादी शासन में।

जो भी हो, विकास के साथ जाति संबंधी तनाव बढ़े। प्रारंभिक ''ब्राह्मणवादी समाजवाद'' चरण पर कुछ लोगों ने तर्क दिया कि ''हिंदू विकास दर'' अनिवार्य रूप से कम रखी गई थी क्योंकि अधिक विकास होने से समाज में उथल-पुथल मच जाती। बढ़ती असमानता के बीच उच्च विकास दर ने वास्तव में हलचल मचाई। 1960आदि के मध्य में आए प्रथम संकट ने 70के दशक में उग्रवाद को बढ़ावा दिया जिसमें नक्सलवाद और जाति-विरोधी आंदोलनों का आयोजन शामिल है। 1990आदि तक, दलित और ओबीसी - ''अन्य पिछड़ा वर्ग'' जो मंडल आयोग के कारण व्युत्पन्न हुए थे और जो गैर-शूद्रों को दिया जाने वाल नया नाम था, नए तरीकों से संगठित होने लगे और उन्होंने हिंदुत्व, ब्राह्मणवादी वैश्वीकरण तथा सामाजिक-आर्थिक असमानताओं को चुनौती दी। यहीं से स्थितियां बदलने लगीं।

दस

हिंदूवाद - सामंतवादी पिछड़ापन

दलित पैंथर

वर्तमान कांग्रेस शासन ने अनिवार्य रूप से प्राचीन हिंदू सामंतवाद का सिलसिला जारी रखा, जिसमें दलितों को हजारों वर्ष तक सत्ता, संपत्ति और सामाजिक हैसियत से वंचित रखा गया था... राष्ट्र के संपूर्ण ढांचे में सामंतवादी हितों का प्रभुत्व रहा, जिसने हजारों वर्ष से धार्मिक प्रतिबंधों के आधार पर समस्त संपदा और सत्ता पर नियंत्रण किया, जो आज भी अधिकांश कृषि भमि-उद्योग, आर्थिक संसाधनों और सत्ता के अन्य सभी संसाधनों का स्वामी है...

दलित कौन है? अनुसूचित जातियों और जनजातियों के लोग, नव-बौद्धधर्मी, मजदूर, भूमिहीन और निर्धन किसान, महिलाएं और वे सभी जिनका राजनीतिक, आर्थिक आधार पर और धर्म के नाम पर शोषण किया जा रहा है।

हमारे मित्र कौन हैं? क्रांतिकारी दल, जिन्होंने जाति व्यवस्था और वर्ग सत्ता को तोड़ने की मुहिम शुरू की। वामपंथी दल जो वास्तविक अर्थों में वाम हैं। समाज के अन्य सभी वर्ग जो आर्थिक और राजनीतिक दमन के कारण कष्ट उठा रहे हैं।

हमारे शत्रु कौन हैं? सत्ता, संपत्ति और दाम। ज़मींदार, पूंजीपति, साहूकार और उनके नौकर। वे दल जो धार्मिक और जातीय राजनीति करते हैं और सरकार जो उन पर निर्भर है...

हमें ब्राह्मणों की वीथि में थोड़ी-सी जगह नहीं चाहिए। हम पूरी दुनिया पर शासन करना चाहते हैं। हम व्यक्तियों की ओर नहीं, बल्कि व्यवस्था की ओर देख रहे हैं। हृदय परिवर्तन, उदारवादी शिक्षा, इत्यादि से हमारे उत्पीड़न का अंत नहीं होगा। जब हम क्रांतिकारी जनसमूह को इकट्ठा कर लेंगे, लोगों को जगा लेंगे, तब विशाल जनसमूह के संघर्ष से क्रांति की ज्वारीय धारा बहेगी। (जोशी 1984, 141-46)

यह दलित पैंथरों का घोषणा पत्र था, जो दलित युवाओं का एक युद्धप्रिय संगठन है। इसका जन्म 1972 में बंबई में हुआ, जिसके नेताओं में नई पीढ़ी के युवा कवि और लेखक शामिल थे। इसकी स्थापना ग्रामीण और शहरी क्षेत्रों में बढ़ते तनावों की पृष्ठभूमि में की गई थी। यह वह काल था जब गांवों में दलितों के खिलाफ अत्याचार बढ़ रहे थे, जो अक्सर पाशविक और भयानक प्रकार के होते थे।

- महाराष्ट्र में, दलित पैंथरों ने एकदम नई राजनीतिक लहर को जन्म दिया, शिव सेना का मुकाबला किया, दलितों में नई ऊर्जा का संचार किया, देश भर में आंदोलनों का आयोजन करने का प्रयास किया।
- कर्नाटक में, संस्कृति से संबंधित एक मुद्दे (रूढ़िवादी कन्नड़ साहित्य को ''मवेशियों का चारा'' कहने पर एक दलित मंत्री को इस्तीफा देने को मजबूर किया गया) के कारण देशभर में दलितों और हिंदू जाति के बीच व्यापक टकराव हुआ। दलितों ने, ''ब्राह्मणों को गीता के साथ गटर में फेंक दो'' का नारा उठाया और अंततः दलित संघर्ष समिति का निर्माण किया जिसकी राज्य भर में शाखाएं थीं।
- बिहार में, दलितों के बीच एक नक्सलवादी आंदोलन का पुनर्जन्म हुआ, जिसका प्रमुख विषय सम्मान या इज्जत (प्रमुख रूप से दलित महिलाओं को ज़मींदारों द्वारा यौन-उत्पीड़न से बचाने के लिए) तथा किसानों की मजदूरी थे।
- तमिलनाडु में, अनेक गांवों में अम्बेडकर-समर्थक संगठन स्थापित होने लगे।

अन्य क्षेत्रों में इसके संकेत देर से पहुंचे: गुजरात में, आरक्षण के विरुद्ध उच्च-जाति के व्यापक दंगों के बाद, 1980 में दलित पैंथर की एक यूनिट की स्थापना हुई। करमचेदू ग्राम में दलितों के नृशंस नरसंहार के पश्चात्, 1984 में आंध्र दलित महासभा का गठन हुआ। प्रत्येक क्षेत्र में इसका स्वरूप कैसा भी रहा हो, अधिकांश देश में एक नया आंदोलन सिर उठा रहा था, और इस रूढ़िगत प्रश्न, कि ''क्या हरित क्रांति लाल क्रांति में बदल जाएगी'' के स्थान पर एक नया प्रश्न ''क्या जाति संघर्ष वर्ग संघर्ष में बदल जाएगा?'' उभरने लगा था।

वर्ग-जाति संघर्ष को एक नई सैद्धांतिक अभिव्यक्ति देने के प्रयास भी जारी थे। इस प्रश्न को, दलित वॉइस के संस्थापक-संपादक बंगलौर के वी.टी. राजशेखर ने उठाया और हालांकि उन्होंने काफी जल्दी अपना ध्यान जाति-संघर्ष की ओर केंद्रित किया, उनकी सुस्पष्ट, आक्रामक और अक्सर तीखी पत्रकारिता से देश भर के पाठक और विदेशों में बसे दलित उनके प्रशंसक बन गए। *दलित वॉइस* का एक छोटी,

लगभग-साप्ताहिक पत्रिका के रूप में प्रसार हुआ और कई दशकों तक भारत भर में दलितों और अन्य पिछड़ा वर्ग के दृष्टिकोण और उनके मुद्दों की अभिव्यक्ति का साधन बनी रही। इसने उग्र वाद-विवादों को प्रेरित किया, मुस्लिमों का समर्थन जीतने का प्रयास किया, साम्राज्यवाद पर प्रहार किया, और कभी-कभी निंदनीय रूप से अरुचिकर रुख भी अपनाया।

सीपीआई (एम) के एक जिला संगठनकर्ता, शरद पाटिल ने महाराष्ट्र के एक आदिवासी प्रदेश में एकीकरण का एक अधिक मार्क्सवादी प्रयास किया। उन्होंने, भारतीय इतिहास की सैद्धांतिक व्याख्या करने के लिए अपनी पार्टी के कार्यों से समय निकालकर संस्कृत का अध्ययन किया, एक नई पद्धति ''मार्क्सवाद-फुले-अम्बेडकरवाद'' का सूत्रपात किया, और फिर एक नई पार्टी सत्यशोधक कम्युनिस्ट पार्टी की स्थापना की। इस पार्टी ने बड़ी संख्या में युवा काडरों को आकर्षित किया और हालांकि, कुछ समय बाद वे शरद पाटिल से अलग हो गए, क्योंकि उनकी तानाशाही को सहन करना कठिन हो गया था, किंतु उन्होंने शरद पाटिल के सैद्धांतिक दृष्टिकोण का पालन जारी रखा। पाटिल ने कई पुस्तकें लिखीं, जिनमें सबसे पहली *दास-शूद्र स्लेवरी* थी जिसका प्रकाशन अंग्रेजी और मराठी दोनों भाषाओं में किया गया; इस पुस्तक में उन्होंने अपने ''माफुआ'' दृष्टिकोण से भारत के इतिहास का सारांश प्रस्तुत करने का प्रयास किया।

आंध्र में, कांचा इलइयाह ने पित्तृसत्ता और जातिवाद, दोनों की भूमिका का सिद्धांत प्रस्तुत करने का प्रयास किया। इलइयाह निम्न जाति के चरवाहा समुदाय से संबद्ध एक विद्वान थे, जिन्होंने अपने जीवन में, यहां तक कि नक्सलवादी-प्रकार के नागरिक स्वतंत्रता आंदोलनों में भी, काफी भेदभाव देखा था। उनकी पहली पुस्तक *वाय आय एम नॉट अ हिंदू* में उन्होंने गर्व से घोषित किया कि दलित और पूर्ववर्ती-शूद्र समुदायों के देवी-देवता भिन्न थे, उनकी जीवन-शैली भिन्न थी और उत्पादन प्रणाली भी उच्च जातियों से भिन्न थी। उन्होंने उनका ''परजीवी द्विज'' समुदायों के स्थान पर ''उत्पादक जातियां'' कहकर उल्लेख किया। उन्होंने बौद्ध धर्म पर लेख लिखे, ''भैंस राष्ट्रवाद'' (गाय क्यों पवित्र है? अधिक दूध देने वाली, एशियाई और काली सामान्य भैंस की तुलना में, यह श्वेत है, यूरोप में पाई जाती है) की घोषणा की और ''हिंदूवाद के बाद'' के भारत की बात की।

सिद्धांतों ने लगभग अनिवार्य रूप में, राजनीतिक कार्यवाहियों को प्रेरित किया। हालांकि स्वयं पैंथरों का जन्म पारंपरिक अम्बेडकरवादी रिपब्लिकन पार्टी में हुए व्यापक मोहभंग के कारण हुआ था, और वे 1974 में चुनावों का बहिष्कार करने के

कारण प्रसिद्ध हुए थे, जिससे बंबई की श्रमिक बस्ती क्षेत्र के कम्युनिस्ट उम्मीदवार को विशेष लाभ हुआ था, आंदोलन के दबाव ने उन्हें चुनावी और क्रांतिकारी राजनीति में आने के लिए प्रेरित किया। पंजाब के एक दलित कांशीराम ने एक नई महत्त्वपूर्ण पार्टी का गठन किया, जो महाराष्ट्र में अपने अनुभवों के कारण अम्बेडकर के अनुयायी हो गए थे; इस विषय पर हम अगले भाग में चर्चा करेंगे। कांशी राम पैंथरों और उस समय के अधिक भड़काऊ आंदोलनों से दूर रहे और उन्होंने दलितों, पिछड़ी जातियों और अल्पसंख्यक सरकारी कर्मचारियों का एक संगठन बनाया; इसे 1980 में बहुजन समाज पार्टी के रूप में विकसित किया, जिसका प्रमुख केंद्र उत्तर और उत्तर-पश्चिम भारत में था; इस दल ने विशेष रूप से कांग्रेस के ''वोट बैंक'' को काटा, जिसे कांग्रेस में अधिक महत्त्व नहीं दिया जाता था। दूसरी पार्टी, भारतीय रिपब्लिकन पार्टी थी जिसकी डॉ. अम्बेडकर के पौत्र प्रकाश अम्बेडकर ने लगभग उसी समय स्थापना की। बौद्ध धर्म में पुनरुत्थान और इस्लाम में धर्मांतरण की लहर उठी; जिसका हिंदूवादी बलों ने बढ़-चढ़कर प्रचार किया और इसे ''हिंदू धर्म के लिए खतरा'' बताया, जिसके कारण सामाजिक जीवन के प्रत्येक क्षेत्र में एक नया विक्षोभ उबलने लगा।

इस विक्षोभ की शुरूआत पैंथरों से हुई और उन्होंने दलित पहचान को सर्वहारा वर्ग से जोड़ा और उसे सर्वव्यापक बनाने पर बल दिया। यही वजह थी कि यह आंदोलन अम्बेडकर काल के दलित आंदोलन से भिन्न था, जिसने आर्थिक और सांस्कृतिक क्षेत्रों, वर्ग और जाति के विभेद को स्वीकार किया, और कुछ संदर्भों में आर्थिक क्षेत्र को पूरी तरह अनदेखा किया था। यह आंदोलन भारत के सबसे पहले और नए वामपंथी विद्रोह, नक्सलवादी आंदोलन से भी भिन्न था, जो ग्रामीण क्षेत्रों की ओर उन्मुख था और मार्क्सवादी आधार पर कृषि क्रांति का समर्थक था। अब, भारतीय पूंजीवाद के गढ़ बंबई में नक्सलवादियों के पतन के पश्चात् (कम-से-कम अस्थायी रूप में), आर्थिक उत्पीड़न और सांस्कृतिक दमन ने मिलकर एक नए दलित विद्रोह को परिभाषित किया- जो ठोस सामाजिक-आर्थिक विश्लेषण से संबंधित न होने पर भी एक-दूसरे से जुड़े प्रतीत होते थे।

दलित पैंथर के प्रसार के अनेक कारण थे: आर्थिक संकट, जो 1960आदि के मध्य से दिखाई देने लगा था; भ्रष्टाचार के वृत्तांत से उत्पन्न हुई निराशा और अम्बेडकर द्वारा गठित पार्टी का सहयोग; शिक्षा का प्रसार; और पूंजीवादी नगर का संचार केंद्र के रूप में प्रयोग। यह भी सत्य है कि दलित आंदोलन के कवि और कार्यकर्ता ''छोटे-मोटे बुर्जुआ'' या ''मध्य वर्ग'' के लोग थे; किंतु अधिक आश्चर्यजनक बात

यह थी कि अब इस मध्य वर्ग का स्वरूप बदल रहा था और इसका अधिक विस्तार हो रहा था। अम्बेडकर के काल में इसमें शिक्षित दलितों का बहुत छोटा भाग शामिल था, जिसमें से आंदोलन के प्रमुख कार्यकर्ता निकल कर आए; 1970 के दशक तक शिक्षा और आरक्षण का लाभ मिलने से इनके वर्ग का विस्तार हुआ। यह ऊपर की ओर, कुछ उच्च-स्तरीय सरकारी कर्मचारियों और राजनीतिक नेताओं से लेकर नीचे की ओर गांवों तक फैला हुआ था, जहां अधिकांश क्षेत्रों में अधिक जागरूक दलित जातियों (महार, चम्भार, इत्यादि) के लड़कों के लिए व्यापक रूप से न्यूनतम शिक्षा उपलब्ध थी और धीरे-धीरे इसमें लड़कियों को भी शामिल किया जा रहा था। भारतीय शिक्षा प्रणाली ने उन्हें स्कूल की पुस्तकों में पाई जाने वाली हिंदू विचारधारा की आधुनिकतावादी प्रगति के प्रति संवेदनशील बना दिया; किंतु साथ ही पढ़ने और लिखने की योग्यता इस आंदोलन के लिए एक शक्तिशाली हथियार सिद्ध हुई।

शिक्षा, जो भले ही सीमित रूप में उपलब्ध थी, और उस समय की संचार प्रणाली, दोनों ने अनेक समकालीन और ऐतिहासिक वैश्विक घटनाओं को बड़ी संख्या में निर्धनों तक पहुंचाया। वियतनाम क्रांति, चीनी क्रांति, ब्लैक आंदोलन और ब्लैक काव्य, मार्क्सवाद, महिला आंदोलन, नव-वामपंथ, सभी विश्व-व्यापी परिदृश्य को दर्शाने वाले सांस्कृतिक मिश्रण का हिस्सा थे। बंबई के, वेश्यावृत्ति क्षेत्रों से लेकर इसकी मिश्रित संस्कृति और भाषा तक के वर्णनों में, प्रारंभिक दलित कवियों में महानतम कहे जाने वाले और दलित पैंथर के संस्थापक नामदेव धसाल के चित्र, भारत के अतीत के क्रिस्टलित चित्रों से लेकर क्रांतिकारी युग तक, समय के विस्तार को दर्शाते हैं। वे श्रेष्ठ औद्योगिक जगत में उत्पन्न होने वाली चेतना को दर्शाते हैं, जो ग्रामीण प्रवासियों की दुर्दशा के समान थी जिनकी अज्ञानता को प्रतीक रूप में माता में दर्शाया गया है:

अठारहवीं शताब्दी में पूरी मानव जाति उलटी हो गई थी,
किंतु आज भी तुमने इस बारे में कुछ नहीं सुना...
माँ, तुम्हारा बेटा बच्चा नहीं है।
वह इस युग के विद्रोह की संतान है,
वह अन्याय को स्पष्ट देख सकता है, वह खुद इसका शिकार है,
सरकारी मशीनरी, जीने के साधन, मेहनत की शक्ति, कोयले और स्टील की खदानें, गोदाम, कारखाने,
वहां: सुरक्षा है, भोजन और पैसे की गारंटी है,
मेरा चेहरा, धूल में दबा, इन सबसे अलग है।
(धसाल 1992, 60-61)

प्रारंभिक दलित विद्रोह में नक्सलवाद की तीव्र महक थी; दलित स्वयं को आधुनिक और श्रमजीवी कहते थे और अपने शत्रु -हिंदू धर्म- को सामंतवादी पिछड़ापन मानते थे। उग्रवाद इसका एक महत्त्वपूर्ण हिस्सा था। बंबई की गंदी बस्ती के एक दलित कार्यकर्ता ने उस समय को याद करते हुए कहा, 'हमें कुछ पता नहीं था कि घोषणा पत्र में क्या लिखा है। हम केवल यही जानते थे कि यदि कोई तुम्हारी बहन को छुए - तो उसका हाथ काट दो!' इस लगभग नाशवादी(nihilist) मनोवृत्ति और उग्र क्रोध ने इसे बीसवीं शताब्दी के आरंभ में हुए आंदोलनों से अलग किया, और विशेष रूप से दलित पैंथरों को तथा सामान्य रूप से संपूर्ण नए दलित आंदोलन को विश्वव्यापी ''नई वामपंथी'' धारा के रूप में प्रस्तुत किया। निश्चित रूप से, इसी समय दलित या दमित का प्रचार हुआ जो, 1930आदि और 1940आदि में ब्रिटिश शासन द्वारा वर्गीकृत 'डिप्रेस्ड क्लासेज़' का मराठी/हिंदी अनुवाद था: यह गांधी द्वारा दिए गए शब्द ''हरिजन'' और तटस्थ सरकार के ''शेड्यूल्ड कास्ट्स'' का एक उग्रवादी विकल्प था।

इस काल के अनेक नए वामपंथी आंदोलनों में आर्थिक और सांस्कृतिक अतिवाद को मिलाना सामान्य बात थी, जबकि पारंपरिक भारतीय वामपंथ ने, जिसमें नक्सलवादी भी शामिल थे, इस पूरी अवधि के दौरान विरले ही सांस्कृतिक विषयों पर बात की या हिंदूवाद की आलोचना की, किंतु युवा दलित कवियों के लिए आर्थिक और सांस्कृतिक शोषण, आरंभ से ही परस्पर गुंथे हुए थे। घोषणापत्र में (जिसे घोषित नक्सलवादी विचारधारा के प्रभाव में लिखा गया था) में, हिंदूवाद का सामंतवाद कहकर तिरस्कार करने के बाद, जाति संबंधी विषयों पर कहने के लिए कुछ खास नहीं था; तथापि, कविताओं में जाति के बारे में, बुद्ध के बारे में, ब्राह्मणों के बारे में, शम्बूक और एकलव्य के बारे में उसी तरह कहा जाता था जैसे गरीबी और संसदीय लोकतंत्र की निरर्थकता के बारे में कहा जाता था। इस निंदा में पूरा भारतीय इतिहास और पौराणिक गाथाएं शामिल थे, इनमें एक नए अतीत और भविष्य का दावा किया जाता था। कवियों के लिए, ईश्वर और आधुनिक विश्वविद्यालयों को कोसना उतना ही जरूरी था, जितना पूंजीवाद की कलई खोलना -

एक दिन मैंने उस ईश्वर को कोसा
वह बेशर्मों की तरह हंस दिया।
मेरा पड़ोसी, एक विद्वान ब्राह्मण भौंचक्क रह गया।
उसने मुझे तेल-चुपड़े चेहरे से देखा...
मैंने एक और बहुत बुरा अपशब्द बोला

विश्वविद्यालय की इमारत थरथराई और कमर तक धंस गई।
तभी सारे विद्वान इस पर अनुसंधान में लग गए
कि लोगों को क्रोध क्यों आता है....?
(मेशराम 1992, 117)

उनका आधुनिकतावाद जाति व्यवस्था के विरुद्ध हो गया था, उतना ही जितना वह आर्थिक शोषण के भी खिलाफ था:

मैं आज बीसवीं शती के
अंतिम छोर पर खड़ा हूँ।
मेरे चारों तरफ आग है
एक हाथ में सूरज और दूसरे हाथ में चांद लिए,
मैं अपने संकल्प के प्रति सचेत हूँ,
एकलव्य के कटे अंगूठे के रक्त का मूल्य आंकते हुए।
(निम्बलकर 1976)

मार्क्सवाद ने, जैसाकि भारत में प्रचलित था, वर्ग और जातीय दमन को अलग-अलग रखा; अब इन दोनों को जोड़ने का प्रयास किया जाने लगा। इस नई युक्ति ने 1970 और 1980 के दशक के आंदोलनों का आधार तैयार किया। वास्तव में, पैंथर जितना तेज़ी से उभरे उतनी ही तेज़ी से अस्त भी हो गए। उनमें पहली दरार केवल दो वर्षों के भीतर ही पड़ गई, जिसे आलंकारिक रूप से ''बौद्धधर्म बनाम मार्क्सवाद'' की तर्ज पर तैयार किया गया था। बौद्ध गुट के नेता राजा ढाले ने दावा किया कि उनका विरोधी नामदेव धसाल मार्क्सवादियों के हाथों का खिलौना था। इस काल में, हुई अधिकांश दलित बहस में कदाचित अशिष्ट भाषा का प्रयोग किया गया ('तुम्हारा बाप कौन है: अम्बेडकर या मार्क्स?') किंतु इसके पीछे स्पष्टवादी, विवेकशील उग्रवादी ब्राह्मणों का नियंत्रण हो जाने का असीम डर था। वामपंथियों को, जाति-विरोधी बातचीत के नियमों से अनभिज्ञ होने के कारण कई बड़े हमलों का सामना करना पड़ा (उदाहरण के लिए, ऊपरी तौर पर छोटी किंतु प्रतीक रूप में एक महत्त्वपूर्ण गलती फुले के नाम की वर्तनी थी, जिसे ब्राह्मणवादी तरीके से ''ज्योतिबा'' लिखा जाता था, किंतु उच्च-जाति के साम्यवादियों द्वारा बार-बार इसे गांव के देवता के नाम पर ''जोतिबा'' कहा जाता था)।

तब भी, पैंथरों का यह विखंडन विद्रोह की एक लंबी शृंखला में केवल एक घटना मात्र थी। न केवल दलित बार-बार संगठित होते रहे और उन्होंने लड़ते रहना जारी

रखा, बल्कि उन्होंने उस समय के होने वाले नए आंदोलनों को विद्रोह के नए मुद्दे भी सुझाए। यदि दलित पहचान को सर्वहारा बनाना, नया सर्वव्यापीकरण और अग्रगामी बनाने का एक नया दावा था, तो यह भारत की संपूर्ण क्रांति को निम्न जातियों के विद्रोह के रूप में परिभाषित करने का भी प्रयास था; असंख्य कविताओं और भाषणों में निरंतर ''हम सर्वहारा हैं'' की धुन बजाई जा रही थी। उदाहरण के लिए, तत्कालीन पैंथर नेता अरुण काम्बले ने, 1980आदि के आरंभ में मंडल आयोग के बारे में तथा विषम निर्मूलन सम्मेलन में दलितों और गैर-ब्राह्मणों के बीच एकता पर बोलते हुए मराठाओं के ''कुनबीकरण'' की बात कही थी (अर्थात्, उनकी पहचान को ''ग्राम शासक'' के स्थान पर श्रमिक किसान के रूप में स्वीकार करना), और अंत में उन्होंने यह दावा किया कि: 'हमें दलितिस्तान चाहिए किंतु एक अलग देश के रूप में नहीं; हम 98.5 प्रतिशत हैं, और हम बहुसंख्यक हैं, *भारत को दलितिस्तान बनना होगा!'* ऐसे मंचों पर दलितों ने शोषितों के अन्य वर्गों की पहचान और विचारधारा को निर्धारित करना शुरू कर दिया।

1970 के दशक में न केवल निम्न-जातियों के विरोध की एक नई लहर उठी, बल्कि अन्य अनेक आंदोलनों में भी ''दलित चेतना'' का प्रसार हुआ। इस समय सामाजिक और आर्थिक मुद्दों का जुड़ाव प्रकट होने लगा था। इस विषय को ए.के. राय ने उठाया, जो खदान श्रमिकों और झारखंड आंदोलन के एक स्वतंत्र मार्क्सवादी नेता थे। वर्ष 1980 में प्रकाशित ''द न्यू दलित रिवॉल्यूशन'' नामक एक सूचनापत्र में राय ने वामपंथी आंदोलन के संपूर्ण उच्च जाति के नेताओं पर प्रहार किया, पहाड़ी आदिवासी क्षेत्रों, नदी-तटों पर बसी सामंती सभ्यता, और पत्तन-नगर में केंद्रित साम्राज्यवादी सभ्यता के बीच पारस्परिक संपर्कों के संदर्भ में भारतीय वर्गीकरण के भौगोलिक/सामाजिक आधार का अनुमान लगाने का प्रयास किया। राय ने इस आंदोलन में बुद्धिजीवियों की भागेदारी के माध्यम से एक बार फिर ''भारत की खोज'' करने का आह्वान किया।

> भारतीय बुर्जुआ वर्ग काला है या श्वेत, बड़ा है या छोटा इसका देश की राजनीति पर कोई प्रभाव नहीं पड़ता। दो बातें विशेष रूप से महत्त्वपूर्ण हैं: इतिहास के असमान विकास से जन्मी जाति व्यवस्था और इसका शीर्ष से धीरे-धीरे प्रसारित होने वाले विलंबित पूंजीवाद के साथ पास्परिक प्रभाव... साम्यवादियों ने क्रांति के कई ब्लूप्रिंट, जैसे नेशनल डेमोक्रेटिक रिवॉल्यूशन, पीपल्स डेमोक्रेटिक रिवॉल्यूशन, न्यू डेमोक्रेटिक रिवॉल्यूशन, और अनेक दूसरे रूप तैयार किए हैं जिनमें अनेक ऐसे गूढ़ शब्दों का प्रयोग किया गया है, जिन्हें समझ पाना और याद रख पाना, लाखों मजदूरों

की तो बात ही क्या, उनके अपने अनुयायियों के लिए भी कठिन है। भारत को एक सामान्य नई दलित क्रांति की, लाल और हरे झंडे की एक नीति की आवश्यकता है, जिसमें देश में उपनिवेशवाद के गढ़ को तोड़ने के लिए सामाजिक उद्धार के संघर्ष को आर्थिक शोषण के विरुद्ध होने वाली लड़ाई के साथ मिलाना होगा।

राय ने दृढ़तापूर्वक भारतीय वामपंथ के भीतर सांस्कृतिक क्रांति की आवश्यकता पर बल देते हुए कहा कि लोगों के प्रतीक राम और कृष्ण नहीं, बल्कि निम्न जाति की जनता – अक्सर स्थानीय आदिवासी और किसान नेता, जैसे बिरसा मुंडा (उन्नीसवीं शताब्दी में आदिवासी विद्रोह का नेता), या वीर नारायण सिंह (औरंगज़ेब से लड़ने वाला आदिवासी सरदार) होने चाहिए।

लोगों की संस्कृति, और छोटानागपुर के बिरसा मुंडा और छत्तीसगढ़ के वीर नारायण सिंह जैसे दलितों का संघर्ष, जो अभी तक अंधेरों से छिपा है, सामने आएगा और इतिहास के पन्नों पर छाए सामंतवादी राजाओं तथा साम्राज्यवादी शासकों के युद्धों और षड्यंत्रों से ऊपर उठकर, उन्हें उनका यथोचित स्थान मिलेगा। बुद्ध से लेकर लेनिन तक यह एक अनूठी यात्रा होगी, बंधन-मुक्त हुए लाखों लोगों की आत्मा की एक नई खोज होगी, इससे एक नई पार्टी नहीं, एक नया धर्म स्थापित होगा, जो उत्पीड़न और पराधीनता से मुक्त तथा न्यायपूर्ण मानवता के एक नए इतिहास की रचना करेगा।(राय 1980, 4,10,18)

अत:, 1970आदि के अंत में, देश भर में एक नया सामाजिक आंदोलन शुरू हुआ जिसमें जाति, किसानों पर अत्याचार, पर्यावरण की दुर्दशा से संबंधित मुद्दे उठाए गए और इनके कारण मजदूरों, दलितों और अन्य ''उत्पादक जातियों'' पर पड़ने वाले प्रभावों के मुद्दे भी उठने शुरू हो गए। अगला चरण राजनीतिक दबाव का था।

ग्यारह

दलित राजनीति का तर्क

ए. के. राय ने जिस "अनूठी यात्रा" का आह्वान किया था, वह संभवतया 1970 के दशक में शुरू हुई। असंख्य युवा गांवों में गए, जनता में से नए सक्रियतावादी उभर कर सामने आए, आर्थिक और सामाजिक दबाव बढ़ने से सामाजिक उत्पात बढ़े, और अन्य निम्न जातियां तथा उत्पीड़ित वर्ग दलितों के साथ आ जाने से विद्रोह के नए स्वर उभरने लगे।

आदिवासियों ने भी दलित मुद्दे उठाए, उदाहरण के लिए, एक आदिवासी सक्रियतावादी-कवि वहारू सोनावने ने जो उत्तरी महाराष्ट्र के भील कृषि मजदूरों और निर्धन किसानों के मार्क्सवाद-प्रेरित आंदोलन से आया था। वह आरंभ से ही सांस्कृतिक मुद्दों के प्रति संवेदनशील था, किंतु 1980 के दशक में इन मुद्दों ने महत्त्वपूर्ण रूप ले लिया। वहारू सोनावने ने आदिवासी-बहुल आंदोलनों में गैर-आदिवासियों के नियंत्रण को चुनौती दी। उसने तर्क देना शुरू किया कि आदिवासी जो धार्मिक पहचान और राजनीतिक पार्टियों के कारण बंट गए थे, वह एकसाथ आ जाएं; हालांकि वह इस आयोजन में भाजपा के आदिवासी राजनीतिज्ञों को भी शामिल करना चाहते थे, किंतु वहारू ने स्पष्ट रूप से राक्षसों की विरासत का समर्थन किया, राम को एक उत्पीड़क कहकर खारिज कर दिया और संपूर्ण गैर-आर्य विषयों को एक अलग आदिवासी दृष्टिकोण प्रदान किया।

> अल्पसंख्यक ब्राह्मणों और कुछ मुट्ठीभर राजाओं के बीच मजबूत संबंध बन गए और उन्होंने हिंसा और आक्रमणों के बल पर, एक के बाद एक सभी आदिवासी समुदायों को अपने नियंत्रण में लेना शुरू कर दिया। उन्होंने आदिवासियों को अपना गुलाम बनाया, और राजाओं को लगान देने वाले खेतिहर किसानों को अपने वश

में कर लिया। अपने राज्यों की सीमाएं बढ़ाने के लिए उन्हें स्थिर कृषि के माध्यम से अपने गांवों में बसा लिया। छठी शताब्दी ईसापूर्व बुद्ध के काल में और पांचवीं शताब्दी के बीच एक मजबूत जाति वर्गीकरण और जजमानी प्रथा की स्थापना हुई। अधिकांश स्वतंत्र आदिवासी जनजातियां श्रमिक जातियों में आ गई और अपनी अतिरिक्त फसल राजाओं और ब्राह्मण-अधिकारवादी सामंती समाज को देने लगीं! इस समाज में धीरे-धीरे आदिवासी जनजातियों को बदलने और उन्हें सामाजिक वर्गीकरण में शामिल कर लेने की क्षमता थी, किंतु उन्हें निचले स्तरों पर ही रखा गया। हम उनमें से थे जिन्होंने यह सब सहा किंतु आजाद रहे... जब उस काल के आदिवासियों ने उन पर होने वाले अत्याचारों का विरोध करना शुरू किया तो आर्य क्रुद्ध हो गए। तब आर्य उस समय के शासक, राजा श्री रामचंद्र के पास गए और उनसे प्रार्थना की कि वह उन्हें 'राक्षसों से बचाएं, हमारे मवेशियों को खुले चरागाहों की जरूरत है।' राम ने ऐसा करने का वचन दिया। रामचंद्रजी के नेतृत्त्व में उस समय के आदिवासियों का राक्षस कहकर वध कर दिया गया और उन्हें कुचल दिया गया।

(दलित-ग्रामीण साहित्य सम्मेलन में भाषण)[1]

बाद में, 1990 के दशक में वहारू ने महाराष्ट्र, गुजरात, राजस्थान और मध्य प्रदेश के अन्य आदिवासियों के साथ मिलकर ''आदिवासी एकता'' का गठन किया, जो आदिवासियों की एक प्रभावशाली स्वायत्तशासी संस्था थी।

1980 के दशक में दलितों और अन्य निम्न जातियों ने ही विरोध नहीं किया, बल्कि अन्य नए सामाजिक आंदोलन भी उठ खड़े हुए: किसानों ने बाजार और राज्य द्वारा किए जाने वाले शोषण के खिलाफ संघर्ष किया महिलाओं का संघर्ष, जनजातियों के संघर्ष और हिंदू जाति के किसानों का पर्यावरण के विनाश और विस्थापन के खिलाफ किया गया संघर्ष। इन आंदोलनों ने कम-से-कम आंशिक रूप से -प्रारंभ में- हिंदू धर्म की आलोचना की और एक नए सांस्कृतिक प्रसंग को प्रस्तुत किया, जो दलित और जाति-विरोधी आंदोलन की ओर झुकना शुरू हो गया। कभी-कभी उन्होंने जानबूझकर इस परंपरा से जुड़ने की कोशिश की।

उदाहरण के लिए, 1975 के पश्चात् उठे नए महिला आंदोलन में, आरंभ में नारीवादियों ने धर्म का कठोर रूप से बहिष्कार किया; मूल रूप से उनका कहना था, 'सभी धर्म पितृसत्तात्मक हैं और महिलाओं का दमन करते हैं'; इसमें स्वतंत्रता

---

[1] वहारू सोनावने, *प्रेज़िडेंशल स्पीच*, 5वां आदिवासी सम्मेलन, पालघर, महाराष्ट्र, 23 दिसम्बर 1990 (मराठी से गेल ओम्वेट और भरत पाटनकर द्वारा अंग्रेजी में अनूदित)। मूल रूप से संजय पेठे द्वारा आदिवासी साहित्य सम्मेलन के लिए मराठी में प्रकाशित।

से पहले सीता और सावित्री को नारियों का आदर्श मानने की प्रवृत्ति विलुप्त हो गई। कुछ समय तक, यह धार्मिक-सांस्कृतिक आलोचना अमूर्त स्तर पर ही दिखाई दी; फिर 1980आदि के उत्तरार्ध में, आंशिक रूप से रूढ़िवाद के उत्थान के कारण, अनेक महिला कार्यकर्ताओं ने स्वयं अपनी परंपरा के उन पहलुओं को खोजना शुरू कर दिया जिनसे वह अपनी पहचान स्थापित कर सकें। कुछ ने, स्पष्ट रूप से अपनी पहचान को हिंदू धर्म के साथ निर्धारित किया। महिला पत्रिका *मानुषी* की प्रख्यात संपादिका मधु किश्वर ने रूढ़िवादियों द्वारा राम को लड़ाकू और आक्रामक रूप में चित्रित करने पर प्रहार किया, किंतु आदर्श राम के स्वरूप को कायम रखा। अन्य नारीवादियों ने ''कहीं अधिक रूढ़िवादी'' धार्मिक परंपराओं की तलाश की: भारतीय परंपरा में देवियों द्वारा निभाई जाने वाली भूमिका को तलाशने, उस भूमिका को अपनाने, और उसे वापस कायम करने के तरीके ढूंढने की बात की। कमला भसीन के एक गीत में कहा गया है:

इस देश की हरेक महिला बेआबरु है, अपमानित है,
अपने दिल पर हाथ रखकर कहो, ऐसा देश कैसे आजाद होगा?
वे कहते हैं, इस देश में अनगिनत देवियों का वास है,
मुझे बताओ, क्या उन्होंने हमारी बेड़ियों की एक भी कड़ी को खोला है?
क्या हमें घूंघट से कोई सम्मान हासिल हुआ है?
घूंघट के नीचे हमें कुचला गया है, घूंघट के नीचे हमें जलाया गया है...
चलो, घूंघट को एक झंडा बना दो, इसे हर जगह लहरा दो,
हम इस भूमि में मानवता की हुकूमत को लाएंगे।
अब तुम औरत की ताकत को चुनौती नहीं दे सकोगे!
हम शपथ लेते हैं कि हम माँ काली के रूप में सामने आएंगे।

1980 के दशक के उत्तरार्ध तक, दलित और अन्य निम्न जातियों की महिलाएं और दक्षिण भारत की नारीवादी महिलाएं भी अपनी आवाज़ उठाने लगीं। उन्होंने गैर-आर्य और ब्राह्मण-विरोधी परंपराओं को दोबारा शुरू करने का प्रयास किया, सीता को एक आदर्श नारी के स्थान पर दमित रानी के रूप में दर्शाया और तर्क दिया कि रामायण मातृसत्ता पर पितृसत्ता की विजय को दर्शाती है। बंगलौर की दलित बस्ती के निवासियों को संगठित करने वाली एक दलित ईसाई महिला, रूथ मनोरमा ने ''तिहरे दमन'' पर बोलना शुरू किया, और महिलाओं के दमन में ब्राह्मणवाद की प्रमुख भूमिका पर बल दिया, किंतु इसके लिए दलित पुरुषों को भी नहीं छोड़ा। उन्होंने

अन्य महिलाओं के साथ मिलकर राष्ट्रीय दलित महिला संघ की स्थापना की। 1991 के अंत में, कलकत्ता में आयोजित नेशनल फेडरेशन ऑफ दलित वीमेन (राष्ट्रीय महिला अध्ययन सम्मेलन) में दो अल्पसंख्यक नारीवादियों, फ्लेविया एग्नीज़ और रज़िया पटेल ने महिला आंदोलन में हिंदुओं के आधिपत्य का खुलकर विरोध किया।

पर्यावरण आंदोलन में भी ऐसी ही प्रवृत्तियां देखने को मिली, जिनमें सांस्कृतिक रूप से उग्रवादी विषयों का उदय हुआ, जो साम्राज्यवादी काल की तुलना में अधिक स्पष्ट नहीं थीं। इसमें सुधारवादी हिंदूवाद की प्रमुख प्रवृत्तियों का विरोध किया गया। मध्य-वर्गीय पर्यावरणविद् गांधीवाद से प्रेरित थे और उन्होंने औद्योगिक सभ्यता तथा ''पश्चिमी विज्ञान एवं प्रौद्योगिकी'' पर कठोर वैचारिक प्रहार किए और भारत की पारंपरिक संस्कृति को आदर्शवादी माना। इसमें जाति के प्रति कुछ उदासीनता और यहां तक कि जाति का आदर्शीकरण भी शामिल था; इसमें सबसे अधिक महत्त्वपूर्ण शैक्षणिक अध्ययन ''भारत का पर्यावरणीय इतिहास'' में वास्तव में पर्यावरणीय अनुकूलता के लिए, व्यावहारिक रूप से जाति व्यवस्था को तर्कसंगत बताया गया था (गाडगिल एवं गुहा 1992, 91-110)। पर्यावरण समर्थक नारीवादियों, जैसे वंदना शिवा ने अपने लेखों में देवी माँ को प्रकृति का संरक्षक बताया और उसका ''प्रकृति'' के रूप में वर्णन किया (शिवा, 1989)। तथापि, किसानों और अन्य निम्न जातियों पर आधारित पर्यावरण संबंधी जन-आंदोलनों में अधिकतर गैर-ब्राह्मण परंपराओं का अधिक प्रयोग किया गया। इस प्रकार गंगा नदी के जल के अधिकारों पर हुए आंदोलनों में एकलव्य का प्रतीक के रूप में प्रयोग किया गया, जिसमें मछुआरों के समुदायों ने इकट्ठा होकर स्वयं को महाकाव्य के इस आदिवासी नायक से संबंधित बताया। दक्षिणी महाराष्ट्र में, किसानों द्वारा निर्मित एक छोटे बांध के लिए हुए स्थानीय किसानों के एक प्रबल संघर्ष में किसानों ने स्वयं को फुले की परंपरा से जोड़ा और इस बांध को ''बलि राजा मेमोरियल बांध'' कहा।

महाराष्ट्र में भी बलि राजा अन्य जन-आंदोलनों का महत्त्वपूर्ण प्रतीक बन गया। विदर्भ क्षेत्र में अन्य पिछड़ी जातियों के बीच काम करने वाले एक संगठन ने इसे अपने वार्षिक समारोह का प्रमुख विषय बनाया और यह राज्य के सबसे अधिक शक्तिशाली जन आंदोलन, शेतकारी संगठन का मुख्य प्रतीक चिह्न बन गया। इसके नेता, शरद जोशी, जो स्वयं एक ब्राह्मण थे, ने, समाज में उत्पीड़क वर्ग (मुख्यत: शहरी) और उत्पीड़ित (मुख्यत: ग्रामीण) के बीच ''भारत बनाम इंडिया'' के अंतर की व्याख्या के लिए जनता के प्रतीकों का प्रयोग किया। इस बात पर बल देने के लिए, गांधीवादी मॉडलों का प्रयोग किया गया कि हमें राज्य-नियंत्रित उद्योगों की

तुलना में ग्राम एवं कृषि पर केंद्रित विकास को अपनाना होगा, – अब यह राम राज न होकर बलि का राज्य था। 1989 में शेतकारी संगठन के नांदेड सम्मेलन में किसानों में प्रचलित कहावत का स्वीकारोक्ति के रूप में प्रयोग करके कहा गया *'बलि का राज आएगा, दु:ख संतापों से मुक्ति दिलाएगा।'* एक अन्य शक्तिशाली क्षेत्रीय किसान आंदोलन, कर्नाटक रैयत संघ' ने लोहिया परंपरा के जाति-विरोधी मुद्दों का प्रयोग किया और कर्नाटक के दलित आंदोलन से जुड़ने का प्रयास किया। दूसरी ओर, हिंदी भाषी प्रदेशों के किसान आंदोलनों के नेताओं, जैसे जाट नेता महेंद्र सिंह टिकैत ने ब्राह्मण विरोधी भाषा का प्रयोग किया, किंतु वहां प्रचलित हिंदूवाद की रूढ़िवादी परंपराओं का समर्थन भी किया।

इस प्रकार 1980 के दशक में प्रचलित आंदोलनों की संस्कृति में अत्यधिक असमानता दिखाई देती है: रूढ़िवादी हिंदू परंपराओं को चुनौती का प्रसार, किंतु कुछ संदर्भों में दलित दृष्टिकोण के अनुसार, कुछ वर्गों द्वारा ब्राह्मणवाद के साथ समझौता किया गया और अन्य स्थलों पर, ब्राह्मणवादी हिंदू धर्म का विरोध करने के लिए दूसरे धर्मों और सांस्कृतिक रूढ़िवाद का समर्थन किया गया। यह रूढ़िवादी-प्रतिरोध सतही राष्ट्रीयता में उभरने वाले जटिल आंदोलनों में संभवतया सबसे अधिक कठोर था। पंजाब में, दिल्ली के ब्राह्मण-बनिया शासन के विरोध के लिए सिक्खों की धार्मिक परंपराओं का समर्थन किया गया, जो आगे चलकर कठोर रूढ़िवाद में बदल गया; जिसमें महिलाओं की वेशभूषा पर नियम लागू किए गए और बौद्धिक प्रश्नों का दमन किया गया। कश्मीर में, केंद्र सरकार के विरुद्ध गुरिल्ला सैन्य संघर्ष में इस्लामिक और सामाजिक प्रवृत्तियां भी मिल गई और जब 1981 के बाद भारत सरकार द्वारा अधिक धर्मनिरपेक्ष बलों का दमन किया जाने लगा, तो इस पर रूढ़िवादी इस्लामी विचारधारा हावी हो गई। असम में, 1980 के बाद हुए अधिकांश आंदोलनों में उच्च-जाति के हिंदू छात्रों का बोलबाला रहा। दूसरी ओर, अधिक लड़ाकू हथियारबंद संघर्ष दल, द *यूनाइटेड लिबरेशन फ्रंट ऑफ असम*, उल्फा ने उत्तर-पूर्व की विशिष्टता का मुद्दा उठाया: संयुक्त राष्ट्र महासभा के समक्ष रखी उनकी याचिका के अनुसार, उनका असम, जिस पर हिंदू या मुसलमान कभी विजय प्राप्त नहीं कर पाए थे, और जहां के लोग, देश की मुख्य भूमि की आर्य-द्रविड़ प्रजातियों के विपरीत, अधिकतर 'मंगोल, तिब्बती-मंगोल और ऑस्टेरिक' प्रजातियों से संबंधित थे।

अत:, अनेक रूपों में, 1980 के दशक में, हिंदुत्व और कांग्रेसी भ्रष्टाचार के विकास के बीच, कई सांस्कृतिक संवाद उठे। उपनिवेशी काल की तुलना में, भारत सरकार के विरोध में उठे विभिन्न स्वरों के बीच गहरा संबंध था, जिसमें वामपंथी

बल भी किसी-न-किसी रूप में शामिल थे। तब भी, इस अवधि में लगातार मतभेद जारी रहे और समग्र स्वतंत्रता के सिद्धांत में कोई विकास नहीं हुआ।

कहा जा सकता है कि दलित राजनीति के तर्क में तीन प्रमुख मुद्दे उभर कर सामने आ रहे थे:

1. हिंदू धर्म की इस परिभाषा को चुनौती दी गई कि यह बहुसंख्यकों का धर्म और भारतीय परंपरा का मूल स्वरूप है; इस बात पर बल दिया गया कि कदाचित ब्राह्मणवादी हिंदूवाद में परंपराओं पर कुलीनों का अधिक प्रभुत्व है; और इस प्रभुत्व को उखाड़ फेंकना है।
2. इस मुद्दे का विस्तार करके इसमें दलितों के साथ दमित, उत्पीड़ित और जाति उत्पीड़न के कारण हाशिए पर पड़ी जनता को, तथा आदिवासी और अन्य पिछड़ी जातियों (पूर्ववर्ती शूद्र), किसानों, महिलाओं और शोषित देशवासियों को शामिल करना।
3. एक नई आर्थिक और राजनीतिक दिशा का, सांस्कृतिक चुनौती के साथ संश्लेषण करना।

कहा जा सकता है कि दलित राजनीति की सफलता के लिए यह सभी मुद्दे अनिवार्य थे। पिछले तीन दशकों के घटनाक्रम में असमानताओं में उत्तरोत्तर वृद्धि और सुधार के दावों में गड़बड़ी देखने को मिली थी। दलित और शेषित वर्ग के लोग अधिक-से-अधिक संख्या में अपने अधिकार का दावा कर रहे थे - किंतु अधिकतर वे गलतफहमी का शिकार थे, और एक-दूसरे के प्रति बैर-भाव रखते थे। इस सबके केंद्र में बहुजन समाज पार्टी (बसपा) का उदय हो रहा था, जिसमें पहले सभी उत्पीड़ित वर्गों को एक-साथ लाने का प्रयास किया गया, किंतु बाद में यह दलितों पर आधारित पार्टी बन गई जो दिल्ली की सत्ता को भी ललकारने लगी।

1980 और 1990 के दशक में, इंदिरा गांधी की हत्या के बाद कुछ समय के लिए जागी सहानुभूति की लहर के बावजूद और उनके पुत्र राजीव गांधी द्वारा प्रदर्शित ''स्वच्छ'' प्रौद्योगिकी द्वारा प्रेरित उदारीकरण के बावजूद भारत की प्रमुख और सबसे प्रधान पार्टी के रूप में कांग्रेस पार्टी का प्रभुत्व धूमिल पड़ने लगा। इसके स्थान पर वैकल्पिक पार्टियां सिर उठाने लगीं। 1980 के दशक के उत्तरार्ध में महसूस होने लगा था कि एक नए सामाजिक आंदोलन से एक नई वैकल्पिक राजनीतिक शक्ति का प्रादुर्भाव होने वाला है। यह नई शक्ति वी.पी. सिंह के नेतृत्त्व वाली नेशनल फ्रंट की सरकार थी, जिसमें मूल रूप से नवनिर्मित समाजवादी जनता दल शामिल था। इसे दलितों से लेकर किसानों और पर्यावरणविदों तक, सभी नए आंदोलनों का समर्थन

प्राप्त था। इस अभियान में उग्रवादी अपरंपरागत श्रमिक वर्ग के नेता, दत्ता सामंत और किसानों के सबसे अधिक स्पष्टवादी नेता शरद जोशी भी शामिल हो गए।

यद्यपि वी.पी. सिंह देश के प्रधानमंत्री बनकर सत्ता में आए, किंतु उनकी सरकार केवल ग्यारह महीने की अल्पावधि में ही गिर गई। मंडल आयोग की रिपोर्ट – 'अन्य पिछड़ी जातियों, अर्थात् पूर्ववर्ती शूद्र जातियों के लिए आरक्षण' लागू करने की उनकी घोषणा से तीव्र विरोध भड़क उठा। उच्च जातियों में आंदोलन भड़क उठे, और एक युवा छात्र द्वारा आत्मदाह के प्रयास ने अन्य अनेक छात्रों को ऐसा करने के लिए उकसाया जिनमें से कई सफल भी हुए। इसके पश्चात् 1990 में हिंदुत्व बलों ने एक ''रथ यात्रा'' का आयोजन किया, जो अब लाल कृष्ण अडवानी के नेतृत्त्व में भारतीय जनता पार्टी (भाजपा) के रूप में संगठित हो चुके थे और उनका लक्ष्य अयोध्या में एक हिंदू मंदिर का निर्माण कराना था। इस बार, 6 दिसंबर को, भारत के मुसलमान विजेता बाबर के नाम पर अयोध्या में बनी ''बाबरी मस्जिद'' को तोड़ दिया गया, और इसके बाद हुए सांप्रदायिक दंगों में सैंकड़ों लोगों ने अपनी जान गंवाई। मुसलमान-विरोधी भावनाएं भड़क उठीं। धर्म समर्थक नेताओं, जैसे महाराष्ट्र की शिव सेना के बाल ठाकरे ने *टाइम* पत्रिका से खुल्लमखुल्ला कहा कि, 'क्या यहां (भारत के मुसलमानों ने) नाज़ी जर्मनी के यहूदियों जैसा बर्ताव नहीं किया, ऐसा करने पर उनके साथ नाज़ी जर्मनी के यहूदियों जैसा व्यवहार करने में कुछ गलत नहीं है... राजनीति में हम शिवाजी के बताए मार्ग पर चलते हैं। धर्म में शिव को मानते हैं। अब तीसरा नेत्र खुल रहा है' (*टाइम*, 1993)। उस समय किसी में इतनी हिम्मत नहीं थी कि उन्हें गिरफ्तार कर सके। वी.पी. सिंह की सरकार गिर गई और उसके स्थान पर कुछ समय के लिए चंद्रशेखर की कार्यवाहक सरकार आई, और इसके बाद कांग्रेस सत्ता में लौट आई। इसके बाद, राजीव गांधी की भयानक हत्या होने के बाद मिले सहानुभूति वोटों के कारण एक पुराने कांग्रेसी राजनीतिज्ञ नरसिम्हाराव के नेतृत्त्व में कांग्रेस की सरकार सत्ता में लौट आई।

एक समय ऐसा भी आया जब भाजपा एक ''अलग'' पार्टी के रूप में एक वास्तविक विकल्प के रूप में दिखाई देने लगी। वर्ष 2004 और उसके बाद में सत्ता के लिए गंभीर चुनौती देने के बाद, 1998 और 2004 के चुनावों के बाद इसने केंद्र में सत्ता प्राप्त की। किंतु 2008 तक हिंदुत्व का आकर्षण फीका होने लगा, और 2009 में अपनी दुर्भाग्यपूर्ण पराजय के बाद पार्टी लगभग टूट गई, जसवंत सिंह जैसे वरिष्ठ नेता को पार्टी से निष्कासित कर दिया गया और अन्य नेता पार्टी से इस्तीफा देने लगे या खुलकर पार्टी के नेताओं का विरोध करने लगे।

दलितों ने हमेशा दोनों पार्टियों पर अविश्वास किया था और गांधीवाद को हिंदुत्व का, प्रकट रूप से, अधिक प्रगतिवादी प्रतिमान माना था: आखिर, गांधी के प्रभाव-केंद्र, गुजरात में व्यापक रूप से हुए मुस्लिम-विरोधी भयानक दंगों से, संभवतया सिद्ध हो गया था कि हिंदुत्व का राम राज गांधी के राम राज से केवल एक कदम की दूरी पर था।

बाबूराव बगुल ने, जो एक पुरस्कार-विजेता लेखक और कम्युनिस्ट पार्टी के भूतपूर्व सदस्य थे, राष्ट्रीय आंदोलन में हिंदुओं की प्रभुता के विरोध में लेख लिखे। उनका कहना था कि यूरोप में राष्ट्रवाद और बुर्जुआ क्रांति में प्रगतिवाद का तत्त्व शामिल था और लोगों ने धार्मिक सत्ता के विरोध में लड़ाई लड़ी थी, किंतु भारत में राष्ट्रवाद 'एक प्रकार से पूर्वजों की पूजा के रूप में बदल गया'। बगुल ने यहां तक कहा कि 'हिंदुओं का बहुमत होने के कारण, भारतीय परंपरा से अधिक आशा नहीं की जा सकती':

> स्वाधीनता, समानता और भाईचारे पर आधारित लोकतांत्रिक समाजवाद, आधुनिक युग का दर्शन है। और इस दर्शन की भारत की मानसिकता और रहस्यवादी मूल्य-संरचना में कोई जड़ें नहीं हैं। संतों के साहित्य में आदर्शों के रूप में कोई महत्त्वपूर्ण विकल्प नहीं मिलता। दूसरी ओर, फासीवादी, कथा-कहानियों का वर्चस्व, नायकों की पूजा, अहंकार, तिरस्कार, ईर्ष्या और घृणा - इन सभी को ठोस साहित्यिक और बौद्धिक समर्थन प्राप्त है। (बगुल 1992, 283, 288)।

एक युवा कवि, विलास राशिनीकर ने इसे इतने ही कठोर शब्दों में लिखा है:

गहरी काली कंदराओं से
वे राख इकट्ठा करते हैं
जो गहरे काले पानी पर तैर रही है
और फिर से अपने पूर्वजों के
कंकाल बना लेते हैं
अपने घिसे-पिटे खयालों की
धज्जियां बटोरकर
स्तोत्र गाते हैं।
यहाँ नए सूर्य के लिए
कोई जगह नहीं है।
यहां पित्तरों-की-पूजा का
काली पुरानी गाथाओं का,

कालिमा का
साम्राज्य है।
(वही., 284–85)

इस प्रकार, 1980 और 1990 के दशक में दलित राजनीति ने महत्त्वपूर्ण प्रगति की। अधिकांश लोगों के लिए यह निश्चित रूप से हिंदुत्व के विकास का बड़ा विकल्प थी। 1980आदि में ''नए सामाजिक आंदोलन'' से उठे राजनीतिक विकल्प विफल सिद्ध हुए। किंतु दशक समाप्त होते-होते एक नई शक्ति के रूप में बहुजन समाज पार्टी उभर कर सामने आ रही थी। यह दलित राजनीतिक शक्ति की नवीनतम अभिव्यक्ति थी, लेकिन इसकी जीवन-यात्रा आश्चर्यजनक होने वाली थी।

बारह

बहुजन समाज पार्टी का उदय

वर्ष 1970 के दशक के उत्तरार्ध में, पूरे मराठवाड़ा में विश्वविद्यालय का नाम बदलकर डॉ. अम्बेडकर के नाम पर रखने का प्रस्ताव दिए जाने पर दंगे भड़क उठे; मराठवाड़ा के हिंदू जाति के लोगों का कहना था कि इससे उनका क्षेत्रीय गौरव आहत होगा और उन्होंने दलित बौद्ध अनुयायियों के विरुद्ध उपद्रव शुरू कर दिए। इसके प्रत्युत्तर में, दलितों और उनके प्रगतिशील मित्रों ने नाम परिवर्तन की मांग को लेकर एक 'पद यात्रा' (long march) का आयोजन किया। इसके कई वर्ष बाद, 'नाम में विस्तार' के प्रस्ताव के पश्चात् इसका नाम बदलकर डॉ. बाबासाहेब अम्बेडकर मराठवाड़ा यूनिवर्सिटी कर दिया गया।

इस घटनाक्रम को पुणे के रक्षा विभाग में नियुक्त पंजाब का एक युवा चमार, कांशीराम उत्सुकता से देख रहा था, जो दलितों के संगठित न हो पाने से विक्षुब्ध था। कार्यस्थल पर होने वाले भेदभाव के कारण कांशीराम ने अम्बेडकरवादी (Ambedkarite) राजनीति में रुचि लेनी शुरू कर दी। उन्होंने इस आंदोलन के बारे में पढ़ना शुरू कर दिया। वह रिपब्लिकन पार्टी के सदस्य बन गए, किंतु पार्टी में दलगत राजनीति पनपने और इसका आधार दलित बौद्ध अनुयायियों से आगे न बढ़ने के कारण कुछ ही समय बाद उनके मन में इसके प्रति विरुचि उत्पन्न होने लगी। अम्बेडकर की मंशा के विपरीत यह न केवल एक दलित पार्टी बनी रही, अपितु केवल एक दलित जाति पूर्ववर्ती महारों की पार्टी बनकर रह गई। कांशीराम ने बाद में कहा था: ''मैंने अधिकतर राजनीति महाराष्ट्र में सीखी। अम्बेडकर से मैंने सीखा कि राजनीति कैसे की जाए। रिपब्लिकन पार्टी से मैंने सीखा कि राजनीति कैसे नहीं करनी चाहिए''। उन्होंने एक पत्रिका प्रकाशित की जिसमें 'पद यात्रा' (long march) को ''नेतृत्त्वविहीन'' कहा गया। कांशीराम के अनुसार, भारत में कोई भी महत्त्वपूर्ण दलित नेतृत्व नहीं था।

उन्होंने स्वयं 'बैकवर्ड एंड माइनॉरिटी कम्युनिटी एम्पलाइज़ फेडरेशन' (BAMCEF, बामसेफ) की स्थापना की और दलितों को संगठित करना शुरू किया। प्रमुख रूप से अनुसूचित जाति के कर्मचारियों पर आधारित इस संस्था को भावी राजनीतिक आंदोलनों के लिए संसाधन और सक्रिय नेतृत्व प्रदान करने के लिए तैयार किया गया था। उन्होंने बुद्धिजीवियों से समर्थन की मांग की, रैलियां आयोजित कीं, विभिन्न जाति समुदायों की बैठकें आयोजित कीं, क्योंकि उनका यह भी मानना था कि हालांकि अंतिम लक्ष्य जातिवाद का विनाश था, किंतु इसकी शुरुआत सभी जातियों को संघटित करने से होगी। सामाजिक जागरूकता इसका एक हिस्सा थी; जब बामसेफ, दलित शोषित समाज संघर्ष समिति (डीएस-4) और बाद में बहुजन समाज पार्टी का उत्तरी भारत और अन्य स्थानों पर गठन हुआ, तो इसने कांशीराम के सूत्र 'भारत में सामाजिक स्वतंत्रता के 'चार स्तंभ'' - अम्बेडकर, फुले, कोल्हापुर के शाहू महाराज और पेरियार, का प्रचार किया।

इसके पश्चात्, उन्होंने डीएस-4 का गठन किया और इसने 1980 के दशक के आरंभ में अपना पहला चुनाव लड़ा। बाद में इसे बहुजन समाज पार्टी में परिवर्तित कर दिया गया जिसकी स्थापना 1984 में हुई। शुरू में इसे बहुत कम लाभ मिला; इसकी नीति प्रत्येक स्थान पर अपने उम्मीदवार खड़े करने की थी, भले ही इसमें उन्हें अपनी जमानत क्यों न गंवानी पड़े। उनका विचार राष्ट्रीय स्तर पर पर्याप्त वोट बटोरना था ताकि एक राष्ट्रीय पार्टी होने का दावा पेश किया जा सके। ऐसा होने पर, बसपा ने चुनाव चिह्न के रूप में हाथी की मांग की, जो पहले मुख्य रूप से महाराष्ट्र में स्थित रिपब्लिकन पार्टी का चुनाव चिह्न था - यह चुनाव चिह्न अम्बेडकर को भी पसंद था जिसे अमेरिका की रिपब्लिकन पार्टी से लिया गया था जिसे लिंकन की पार्टी कहा जाता था और इसीलिए यह गुलामी के अंत का सूचक था।

राष्ट्रीय स्तर पर, पार्टी ने बहुत कम सीटें जीतीं, किंतु 1999 के चुनावों में इसने संसद में 13 सीटें प्राप्त कीं और 2009 में इसने 17 सीटें प्राप्त कीं। 2009 में इसके वोटों की हिस्सेदारी लगभग 7 प्रतिशत थी जिससे इसने त्रासदी के शिकार वाम दलों का स्थान लेकर भारत की तीसरी सबसे बड़ी पार्टी होने का दर्जा प्राप्त किया।

उत्तर प्रदेश इसका सबसे मजबूत आधार बना रहा। यहां कांशीराम एक युवा दलित महिला, मायावती को अपने प्रमुख सहयोगी के रूप में आगे लाए, और वास्तव में पार्टी

का पूरा नियंत्रण उसे सौंप दिया। यहां बसपा का प्राकृतिक आधार चमार समुदाय था, जिसका अनुसूचित जाति में सबसे बड़ा हिस्सा था; जिनकी संख्या कुल जनसंख्या की लगभग 20 प्रतिशत थी। वर्ष 1993 में बसपा ने उत्तर प्रदेश में सोशलिस्ट पार्टी के साथ गठबंधन से विधान सभा के चुनाव जीत लिए। यही समय था जब, स्पष्ट रूप से, मायावती ने, जो अब मुख्यमंत्री बन गई थी, पार्टी का पूरा नियंत्रण अपने हाथ में ले लिया। अब बसपा, न केवल 'चार स्तंभों' की नीति का प्रचार कर रही थी, बल्कि महिला नेताओं, जैसे झल्कारीबाई का भी प्रचार कर रही थी, जो अन्य पिछड़ा वर्ग से संबंधित थी और उसने 1857 के युद्ध में भाग लिया था।

कांशीराम दक्षिणी राज्यों में गए, आंध्र प्रदेश, गोवा, महाराष्ट्र की यात्राएं कीं, और बसपा की उत्तर प्रदेश की विजय से उत्साहित होकर, वामपंथियों में से नए कार्यकर्ताओं को भर्ती किया। महाराष्ट्र में उन्होंने कहा कि वह एक 'मुलायम' - एक बहुजन नेता को खोज रहे थे जो पार्टी की कमान संभाल सके। उनकी भेंट एक मराठा और पुराने स्वतंत्रता सेनानी नागनाथ नायकुंडी से हुई, और उन्हें लगा कि उन्हें अपना मनपसंद सिपाही मिल गया था। उन्होंने जिन मुद्दों को उठाया वह भी 'मराठा' से संबंधित ही थे: पुणे विश्वविद्यालय का नाम कोल्हापुर के पूर्व-महाराज शाहू महाराज के नाम पर रखा गया, जो दलितों और गैर-ब्राह्मणों में भी (अन्य बातों के अतिरिक्त) आरक्षण नीति का सूत्रपात करने के लिए लोकप्रिय थे - किंतु यह नीति ब्राह्मणों के लिए अभिशाप थी जो पुणे को अपना सांस्कृतिक केंद्र मानते थे। दूसरे शब्दों में, कांशीराम बसपा को, वास्तविक अर्थों में 'बहुजन'[1] बना रहे थे, किंतु किसी दलित को ही उसका नेता बनाना चाहते थे। इसके परिणामस्वरूप रिपब्लिकन पार्टी के एक गुट के नेता प्रकाश अम्बेडकर ने बसपा से समझौता करके 'बहुजन महासंघ' की स्थापना की; इसे विदर्भ के हिस्सों में कुछ सफलता प्राप्त हुई।

[1] 'बहुजन' का शाब्दिक अर्थ है 'अधिसंख्य लोग' और पार्टी द्वारा इसका प्रयोग दलितों, पूर्ववर्ती-शूद्रों, आदिवासियों और धार्मिक अल्पसंख्यकों की एकता पर बल देने के लिए किया गया था।

राष्ट्रीय संसदीय चुनावों में बसपा की उन्नति

वर्ष	कॉंग्रेस	भाजपा	बसपा
1952	45.00	0.310	
1957	47.80	05.90	
1962	44.70	06.40	
1967	40.80	09.40	
1971	43.70	07.40	
1977	34.50	–	
1980	42.70	–	
1984	48.10	07.40	
1989	39.50	11.50	
1991	36.50	20.10	
1996	28.80	20.29	3.64
1998	25.72	25.38	4.66
1999	28.3	23.75	4.16
2004	26.44	22.16	
2009	29.02	19.12	6.98

किंतु अपेक्षित विस्तार हुआ ही नहीं। मायावती की बसपा और मुलायम सिंह की समाजवादी पार्टी (SP, सपा) के बीच तनाव बढ़ने लगा और अंत में सपा ने अपना समर्थन वापस ले लिया।

स्वाभाविक रूप से इस्तीफा देने और बसपा की राजनीति के लिए लड़ने के स्थान पर, मायावती ने भाजपा के समर्थन से मुख्यमंत्री बने रहने का फैसला किया। यह अगले कुछ वर्षों में आने वाली उसकी राजनीति के अनुरूप था। पार्टी पर अपना प्रभुत्व कायम करने के बाद, उसने लगातार कांग्रेस का समर्थन लेने से इनकार किया, और इसके स्थान पर भाजपा के साथ संबंध जारी रखा, यहां तक कि 2002 में मुसलमानों के विरुद्ध हुए सामूहिक हत्याकांड के बाद, एक बार मोदी का चुनाव प्रचार करने के लिए वह गुजरात भी गई।

इसके पश्चात्, उत्तर प्रदेश में 2007 के विधान सभा चुनाव निकट आने पर, मायावती ने पार्टी की नीति में महत्त्वपूर्ण परिवर्तन कर डाला। अब उसने ब्राह्मणों

का विरोध करने की नीति बदल दी, और उनके प्रति प्रेम जताना शुरू कर दिया। 'बहुजन समाज' अब 'सर्व समाज' - संपूर्ण समाज बनने के दौर से गुजर रहा था। आंशिक रूप से इसका कारण उ.प्र. का विशिष्ट चुनावी गणित था - 12 प्रतिशत ब्राह्मण, 12 प्रतिशत अन्य 'उच्च' जातियां, 20 प्रतिशत दलित। मुलायम सिंह के समर्थक अन्य पिछड़ा वर्ग का सबसे बड़ा हिस्सा- यादव वर्ग मायावती के विरुद्ध एकजुट होने के कारण, ब्राह्मणों से गठबंधन सार्थक प्रतीत हो रहा था। किंतु वह ब्राह्मणों से स्वयं को बदलने के लिए नहीं कह रही थी - जैसे अमेरिका में हुए अश्वेत आंदोलन में मांग की गई थी कि श्वेत लोग रंगभेद को छोड़कर आंदोलन में भाग लें। वह उनसे आंदोलन में भाग लेने के लिए नहीं कह रही थी, बल्कि चुनाव में समर्थन प्राप्त करने के लिए उनसे प्रेम जता रही थी। एक नया नारा सुनाई देने लगा था: ''हाथी नहीं, गणेश है - ब्रह्मा, विष्णु, महेश है।''

अनेक दलित महसूस करने लगे कि उनके साथ विश्वासघात हुआ था। किंतु मायावती की सफलता ने अधिकांश को चुप करा दिया - क्योंकि चुनावों में उसकी भारी विजय हुई थी, और बसपा को इतनी सीटें मिल गई थीं कि वह किसी अन्य पार्टी से समर्थन लिए बिना भी सरकार बना सकती थी। हालांकि उसने बसपा के अनेक पुराने, वफादार कार्यकर्ताओं को पार्टी से निकाल बाहर किया, किंतु वह स्पष्ट रूप से एक विजयी पार्टी की कर्ताधर्ता थी - और यही सबसे बड़ा अंतर था। कांशीराम की मुत्यु हो चुकी थी, और पार्टी में अब उसका कोई प्रतिद्वंद्वी नहीं था।

मायावती तेजी से भारतीय राजनीति की 'खोटी महिला' (bad girl) बन रही थी - जिसके विपरीत आदर्श विधवा के रूप में 'खरी महिला' (good girl) सोनिया गांधी ने कांग्रेस की बागडोर मजबूती से संभाली हुई थी। वह स्वयं सत्ता का मोह त्याग कर अपने पुत्र राहुल का रास्ता तैयार कर ही थी और उसने प्रधानमंत्री पद के लिए मनमोहन सिंह का समर्थन किया था। जहां सोनिया साड़ी पहनती थी, अक्सर सिर पर पल्लू रखती थी, और सीखते-सीखते वह अब बेहतर हिंदी बोलने लगी थी; मायावती ने छोटे बाल रखे हुए थे, वह सफेद पंजाबी सूट पहनती थी, बड़ी-बड़ी पार्टियां देकर अपना जन्मदिन मनाती थी, जहां वह अपनी हीरों के गहने चमकाती थी; इस प्रकार से वह सारे नियमों को तोड़ रही थी। उसके दलित समर्थकों को, तथापि इससे कोई कोई फर्क नहीं पड़ता था: वह उन्हीं के लिए जीत रही थी।

इसके पश्चात् 2009 के लोक सभा के चुनाव आए। जब सभी दल चुनावों की तैयारी कर रहे थे, किसी की भी कोई ' विजय लहर' दिखाई नहीं दे रही थी। कांग्रेस विश्वास खो चुकी थी, और भाजपा अपने कट्टर हिंदुत्व समूहों और अधिक

प्रगतिशील नेताओं के बीच बंट गई थी, जो प्रमुख रूप से विकास पर आधारित विचारधारा तैयार करना चाहते थे, क्योंकि अब उन्हें महसूस होने लगा था कि हिंदुत्व के आधार पर चुनाव जीतना संभव नहीं था। देश में दर्जनों क्षेत्रीय पार्टियां थीं और हर दिन नई पार्टी जन्म ले रही थी, जो अक्सर क्षेत्रीय पहचान का दावा करते हुए अन्य पिछड़ा वर्ग पर आधारित होती थी। बिहार में नीतीश कुमार ने लालू प्रसाद यादव को एक किनारे कर दिया और अब वह एक विकास कार्यक्रम को प्रोत्साहन दे रहे थे। महाराष्ट्र में, शरद पवार की नेशनल कांग्रेस पार्टी प्रधानमंत्री पद पाने की अपनी आशाओं को नए रूप में दोहरा रही थी। दक्षिण और वामपंथी मोर्चे बन रहे थे, किंतु कोई भी दल – कांग्रेस के अतिरिक्त, जो निरंतर मनमोहन सिंह के नाम का समर्थन कर रही थी – किसी एक नेता के नाम पर सहमत नहीं हो रहे थे। मायावती ने अपनी महत्त्वाकांक्षा घोषित कर दी, वामपंथियों के साथ एक 'तीसरे मोर्चे' में शामिल हो गई, किंतु उसने किसी 'न्यूनतम साझा कार्यक्रम' में भाग लेने या किसी नेता का समर्थन करने या बढ़ावा देने से इनकार कर दिया। वह स्वयं प्रधानमंत्री बनना चाहती थी, और अपने ब्राह्मण समर्थक एजेंडे को राष्ट्रीय स्तर पर ले जाना चाहती थी।

उसने एक जोरदार अभियान चलाया, बसपा का प्रतिनिधित्व करते हुए लगभग अकेले ही देश भर के दौरे किए और ''सामाजिक बदलाव'' की बात की। देश भर के बसपा कार्यकर्ता तैयार हो गए, जोश से भरे दलित राजनीतिक सत्ता पाने की बात करने लगे। ऐसा करने वाली अकेली गैर-कांग्रेसी और गैर-भाजपा नेता होने के कारण, उसका राष्ट्रीय और अंतर्राष्ट्रीय स्तर पर प्रचार होने लगा। मायावती के इतने रंग थे कि उसे अनदेखा कर पाना कठिन था। कुछ प्रचार बहुत दोषपूर्ण थे, जैसे *न्यूज़वीक* में प्रकाशित लेख ''इंडियाज़ एंटी-ओबामा'' जिसमें उन्होंने कठोर राजनीति के विरोध में अमेरिकी शैली में आश्चर्यजनक ढंग से तर्क दिया। किंतु यह केवल प्रचार था, और आंशिक रूप से चुनावों के कारण भारत में जाति के मुद्दे का विश्वव्यापी प्रचार होने लगा।

फिर भी, वोटों की गिनती होने पर, पता चला कि बसपा पूरी तरह असफल हो गई थी। अन्य बातों के अतिरिक्त उ.प्र. के दलित, स्वयं मायावती से हताश हो गए थे: रिपोर्टर शिवम विज के अनुसार, वे नाराज़ थे कि उसने उन्हें कोई महत्त्व नहीं दिया था और वे मायावती के खिलाफ वोट भी नहीं देना चाहते थे, अतः उन्होंने चुनावों का बहिष्कार किया।

> इसका निश्चित रूप से यह अर्थ था कि यदि दलित मतदाताओं ने अपनी नाराज़गी नहीं दिखाई होती, तो बसपा को 35 से अधिक सीटें मिल सकती थीं, और तब शायद

वह कांग्रेस को रोककर, गठबंधन सरकार की एक प्रमुख साझीदार हो सकती थी।

किंतु उ.प्र. के दलित जानते थे कि वह बहुत तेज़ी से आगे बढ़ रही थी। वे उसे दिल्ली की चकाचौंध में खोना नहीं चाहते थे।[2]

चुनावों के बाद कांग्रेस मजबूती के साथ सत्ता में आई; इस परिणाम का अधिकांश बुद्धिजीवियों और पत्रकारों ने स्वागत किया, जो इंडियन एक्सप्रेस के प्रताप भानु मेहता के शब्दों में, ''यह अवसरवाद, प्रगति विरोधियों और रूढ़िवादियों की हार थी... वोटबैंक की राजनीति का युग समाप्त हो गया था।'' निश्चित रूप से इससे उसका तात्पर्य जाति और क्षेत्रीय-भाषायी पहचान के मुद्दों पर केंद्रित राजनीति का अंत था। यह स्पष्ट रूप से जाति-आधारित पार्टियों और स्थानीय पार्टियों की हार थी।

तब भी, कांग्रेस की विजय इतनी ठोस नहीं थी, सीटों के मुकाबले कांग्रेस को मिले मतों का प्रतिशत बहुत कम था; दलित और महत्त्वाकांक्षी 'पिछड़ी जातियां' कष्ट में ही रहीं। मायावती ने उन्हें निराश किया था; बसपा, केंद्र में सत्ता के और निकट आ गई थी, हालांकि अक्सर यह प्रतीत होता था कि दलितों का, उनके स्वप्नों के मूल्य पर सशक्तीकरण किया जा रहा था।

---

[2] शिवम विज, http://kafila.org/2009/05/21/ups-dalits-remind-mayawati-democracy-ia-a-beautiful-thing/.

निष्कर्ष

सीता का श्राप, शम्बुक की चुप्पी

बुद्धिजीवियों और पत्रकारों (और तो और जनता के एक बड़े वर्ग) में इस बात पर जबरदस्त सहमति है कि भारत हिंदुओं का राष्ट्र है (या हिंदू बहुसंख्यकों का राष्ट्र है), और इसकी परिभाषा पर प्रमुख लड़ाई, सांप्रदायिकतावादियों और धर्मनिरपेक्षों के बीच है। यद्यपि, आश्चर्यजनक रूप से, यह सर्वसम्मति एक कमज़ोर तर्क पर आधारित है। उदाहरण के लिए, *इकोनॉमिस्ट* में प्रकाशित ''द हिंदू अपसर्ज'' लेख का यह गद्यांश देखें:

> हिंदू कौन हैं? इसका उत्तर आश्चर्यजनक रूप से काफी जटिल है। हजारों वर्ष पूर्व, मध्य एशिया से आर्य लोग भारतीय उपमहाद्वीप में आए और स्थानीय जनजातियों को पराजित करके यहीं बस गए। आर्यों के पवित्र ग्रंथ, वेदों में उनके अनेक देवी-देवताओं का दर्शन, प्रार्थनाएं और कहानियां लिखी थीं। आर्यों के यहां के मूल निवासियों के साथ मिश्रित हो जाने के बाद, वैदिक साहित्य में अनेक स्थानीय आस्थाएं और दूसरे देवी-देवता शामिल हो गए। देवी-देवताओं और आस्थाओं के इस शिथिल समूह को हिंदू धर्म कहा जाने लगा। मूल रूप से इस शब्द का उल्लेख सिंधु नदी के आसपास रहने वाले लोगों के लिए किया जाता था। यह शब्द, हमेशा किसी धर्म का या चर्च का नहीं अपितु एक समाज का द्योतक रहा है... (*इकोनॉमिस्ट* 1993, 21)।

यह स्पष्ट रूप से एक निष्पक्ष ब्यौरा था; किंतु इसमें यह उल्लेख नहीं किया गया था कि उपमहाद्वीप में केवल जनजातियां ही नहीं, बल्कि एक सभ्यता भी बसी हुई

थीं, 'आर्यों' का आधारमूलक तत्त्व के रूप में उल्लेख किया गया था, जिसमें दूसरे धार्मिक सिद्धांतों को जोड़ दिया गया था। किंतु हमारे लिए इस बात को दोहराते हुए, कि ''हिंदू'' शब्द से लोगों और आस्था (धार्मिक) दोनों का परिचय मिलता है, पर स्पष्ट रूप से एक दुविधा उत्पन्न हो जाती है। यदि हिंदूवाद एक धर्म है, तो यह केवल उपमहाद्वीप के निवासियों का द्योतक नहीं हो सकता, और एक धर्म के रूप में (जो ब्राह्मणवाद से संबद्ध है, जो वेदों की सत्ता और जातिवाद में विश्वास करता है), यह उपमहाद्वीप का मूल या राष्ट्रीय धर्म नहीं है। अनेक दूसरे धर्म (बौद्ध, जैन) अधिक पुराने होने का दावा कर सकते हैं, और अन्य धार्मिक धारणाएं (सिक्ख धर्म, वीराशैव धर्म, जनजातीय परंपराएं) वैध रूप में हिंदू संप्रदाय से भिन्न होने का दावा कर सकते हैं। धर्म के रूप में व्याख्यायित हिंदूवाद के लिए, सरलता से बहुसंख्यकों का धर्म होने का दावा नहीं किया जा सकता।

दूसरी ओर, यदि हिंदूवाद एक समाज- या किसी विशेष प्रदेश में रहने वाले लोगों को दर्शाता है - तो मोहनजोदड़ो या उससे भी पहले की सांस्कृतिक परंपराओं का स्वामी होने का दावा कर सकता है, जिसके साथ-साथ कश्मीर से कन्याकुमारी, उत्तर-पूर्व से राजस्थान के रेगिस्तानों और दूर-दूर तक बसी विविध प्रजातियों, जातीय समूहों और सांस्कृतिक विशिष्टताओं के सम्मिश्रण का दावा कर सकता है। किंतु इस व्याख्या के अनुसार, जिसमें बाहरी इलाकों से उपमहाद्वीप पर चढ़ाई करके भारत में आए हुए लोग भी शामिल होंगे (जिनकी शुरूआत आर्यों और द्रविड़ों से शुरू होती है), भारतीय मुसलमानों और भारतीय ईसाईयों को छोड़ देने या उन्हें किन्हीं शर्तों पर स्वीकार करने का कोई आधार नहीं मिलता, और इसी प्रकार राम, कृष्ण या किसी अन्य स्थानीय देवता को सर्वसम्मति से तथाकथित राष्ट्रीयता का निर्धारक नहीं कहा जा सकता। स्पष्ट रूप से, वैदिक परंपरा को प्राथमिकता देने का कोई ऐतिहासिक या तर्कसंगत आधार नहीं है। *इस प्रकार की हिंदू पहचान को (जिसे कुछ लोग इस आधार पर हिंदू-सिंधु सभ्यता कहते हैं कि हिंदू का मूल उच्चारण सिंधु था)* (पाटनकर 1993) स्पष्ट रूप से समानतावादी और ब्राह्मण-विरोधी कहा जा सकता है।

दूसरे शब्दों में, हिंदू-राष्ट्रवादियों द्वारा किया गया हिंदूवाद का निर्माण, जिसे अनेक तथाकथित धर्मनिरपेक्षतावादियों ने भी विभिन्न रूपों में स्वीकार किया, एक तरकीब पर आधारित था: एक विस्तृत, प्रादेशिक, बहुलवादी, ऐतिहासिक पहचान को एक धार्मिक संस्कृति से मिला देना, जिसमें लगातार एक आर्य/वैदिक/सांस्कृतिक/ब्राह्मणवादी मूल को प्रधानता दी जाती हो।

इकोनॉमिस्ट में प्रकाशित लेख में आगे कहा गया था कि समस्या हिंदू-मुसलमान की नहीं, बल्कि 'सांप्रदायिक और धर्मनिरपेक्ष हिंदुओं के बीच होने वाली बहस, मुसलमानों के साथ किए जाने वाले व्यवहार से संबंधित है'। लेकिन वास्तव में यह समस्या अलग और इससे कहीं अधिक गहरी है। कहा जा सकता है कि यह बड़ी सांस्कृतिक बहस, वर्ग/जाति संघर्ष - ''क्या हिंदू है'' और ''क्या भारतीय है'', से संबंधित है और अंत में यह ब्राह्मणवादी, पितृसत्तात्मक परंपरा और निम्न-जाति की उत्पीड़ित जनता से संबंधित है।

यहीं से आर्यों का मुद्दा महत्त्वपूर्ण बन जाता है। फुले ने आर्यों के आक्रमण के सिद्धांत को प्रतिपादित किया और उन्हें शोषण का प्रमुख स्रोत बताया; 1920 के दशक के दलित उग्रवादियों ने इसे अतिरेक बनाकर प्रयोग किया; अम्बेडकर ने इसे नकार दिया। जैसाकि बुद्धिजीवियों ने तत्काल इसका प्रतिवाद करते हुए इसे, दलित और आर्य-विरोधी व्याख्या को झूठा होने के साथ-साथ उलटे जातिवाद का रूप बताया: इसका कोई वास्तविक प्रमाण नहीं है कि सिंधु घाटी की सभ्यता के विनाश के लिए आर्य जिम्मेदार थे, और जाति व्यवस्था को पूरी तरह आर्य विजय के साथ जोड़ना गलत होगा। किंतु आज भी यही कल्पना जीवित बनी हुई है, जिसके कई स्पष्ट कारण हैं। भारतीय परंपरा के लगभग सभी उच्च-जाति के निर्धारकों ने निरंतर अपनी आर्य पहचान और वैदिक-उपनिषद् संबंधी-सांस्कृतिक मूल को महत्त्व दिया और ''अश्वेत'' की तुलना में ''श्वेत'' होने पर गर्व महसूस किया, उत्तर भारत के निवासियों को लगातार श्रेष्ठ माना, उच्च-जाति द्वारा भले ही छद्म रूप में अहंकार जताया गया: इन सभी के कारण यह लगभग अनिवार्य हो गया कि क्रुद्ध दलित-शूद्र जनता जातिगत और नस्लीय पहचान को उखाड़ फेंके और दोबारा पूछे कि, ''पहला आक्रमणकारी कौन था? पहला बाहरी व्यक्ति कौन था?''

ब्राह्मणवाद का मुद्दा भी उतना ही महत्त्वपूर्ण है जितना आर्यवाद का। ब्राह्मणवाद पर किए जाने वाले हमले को, सैद्धांतिक रूप में ब्राह्मणों के बहिष्कार से अलग किया जा सकता है, किंतु जातिवाद से संबंधित मुद्दा उठने पर दोनों एक-दूसरे में आसानी से घुलमिल जाते हैं, और जाति-से-जुड़े अधिकारों को खोने का प्रबल भय और अधिक बढ़ जाता है जो विस्फोटक रूप ले सकता है - जैसाकि मंडल आयोग की रिपोर्ट लागू होने की घोषणा के बाद हुआ था और देश में दंगों और आत्महत्याओं का दौर शुरू हो गया था। यह कहना काफी सरल है कि वर्गीकरण के सभी स्तरों पर जातिवाद से संबंधित पक्षपात और लक्षण व्यापक रूप से विद्यमान हैं, कि ब्राह्मण-विरोध भी अक्सर जातिवाद का रूप ले लेता है, कि समाज के केवल

एक वर्ग पर प्रहार करने से मानव समाज को कोई उत्तम विकल्प नहीं मिल जाएगा। तब भी, ब्राह्मणवाद में, स्पष्ट रूप से उलझाव दिखाई देता है। फुले और अम्बेडकर जैसे जातिवाद विरोधी दोनों उग्रवादी नेताओं के ब्राह्मण मित्र भी थे, उन्होंने अपने स्वीकरण के लिए काफी कठोर शर्तें लगाई थीं: फुले का कहना था कि आर्य-भट्टों को 'तब तक स्वीकार नहीं किया जा सकता, जब तक वे अपने जाली धर्मग्रंथों को फेंक नहीं देते'; अम्बेडकर का कहना था कि हिंदू धर्म को 'सभी स्मृतियों और शास्त्रों' को त्याग कर बचाया जा सकता है।

प्रभावशाली संभ्रांत वर्ग के खिलाफ जाति-विरोधी आंदोलन की केवल यह एक साधारण-सी मांग थी। किंतु ऐसा हुआ नहीं; इसके विपरीत इस विषय को, या तो धर्मनिरपेक्षता के आधार पर यह दावा करते हुए टाल दिया गया कि इसका समाधान राजनीतिक या आर्थिक होना चाहिए (क्योंकि धर्म का राजनीतिक प्रयोग करने से ही यह विष उत्पन्न हो रहा था; अथवा यह आर्थिक संकट था जिसके कारण लोग निराश होकर अपनी पहचान का समाधान ढूंढ रहे थे); अथवा इसे सुधारवादी हिंदू आधार पर टाल दिया गया, जिसमें यह दावा किया गया कि धर्मग्रंथों की पुनर्व्याख्या करके ब्राह्मणों और शंकराचार्य के दावों को चुनौती दी जा सकती है और उनमें उन्हें शामिल किया जा सकता है। दलितों, अल्पसंख्यकों, जातिवाद-विरोधियों की निम्न स्तरों से उठने वाली चुनौतियों की निरंतर होने वाली खदबदाहट के बावजूद, भारत की तस्वीर हिंदू राष्ट्रवादी (ब्राह्मणवादी) बनी रही।

इससे अनेक लोग निराशा और शून्यवाद की ओर चले गए। जैसाकि बगुल के लेख से पता चलता है, अनेक उग्रवादी दलितों को लगने लगा कि उन्हें परंपरा से कोई उम्मीद नहीं थी; हिंदुओं (ब्राह्मणवाद और राम के रूप में परिभाषित) का ठोस बहुमत था; पूरे साहित्य और पौराणिक कथाओं पर ब्राह्मणवाद छाया हुआ था। इस साहित्य में शूद्रों और अति-शूद्रों को कोई स्थान नहीं दिया गया था, चाहे वह उच्च परंपरा में हो या निम्न परंपरा के, और जहां कहीं भी उनका उल्लेख हुआ था, वहां उन्होंने केवल सामाजिक व्यवस्था के दमन तथा उसके विरुद्ध विद्रोह को रोकने या उनसे सहयोग करने की क्षमता को दर्शाया। बगुल का कहना था:

> निश्चित रूप से, शत्रु ने भारतीयता की संपूर्णता में घुसपैठ की थी; परंपराओं में, प्रथाओं में, इसके ढांचे और व्यवस्था में, पुस्तकों, शब्दों और मानसिकता में...संपूर्ण समाज के जीवन में जाति व्यवस्था घुस आई थी। प्रबुद्ध वर्ग धर्म के प्रति प्रतिबद्ध था... अत: हिंदू लेखकों के लिए अम्बेडकर-समर्थक नायक का सामना करना कठिन हो गया जो वैज्ञानिक और तर्कवादी नजरिये वाला विद्रोही था; दूसरी ओर,

कामा और एकलव्य जैसे नायक अपनी उस सांस्कृतिक और पौराणिक मूल्य-रचना के अनुरूप थे जिसे उन्होंने समाविष्ट कर लिया था... उन्होंने वर्ण व्यवस्था के साथ समझौता कर लिया था; वे साहसी थे; किंतु समाज में उन्हें वह स्थान न मिलने के कारण, जिसकी वे अपेक्षा करते थे, वे अपने जीवन को केवल कष्ट-भोगी के रूप में देखते थे; यह नायक...केवल नियति के हाथों का खिलौना बनकर रह गए थे। (बगुल 1992, 123-26)

इस प्रकार, कामा, विदुर, एकलव्य (पुराणों में वर्णित निम्न जाति के नायक) सभी ने विभिन्न तरीकों से, वास्तव में, उन पर होने वाले अत्याचारों के बावजूद, ब्राह्मणवादी और सामंतवादी समाज की सेवा की, और शूद्र बालक शम्बूक, जिसे ब्राह्मणों के समान योग करने पर, 'पापी' कहकर मार दिया गया, उसके खिलाफ उठने वाली ताकतों के सामने मौन रहा, जैसाकि आदिवासियों के खिलाफ होने वाले अत्याचारों पर बनी एक फिल्म (आक्रोश) में दर्शाया गया था कि आदिवासी पुरुष नायक विरोध में चीत्कार करने के अतिरिक्त मौन रहता है। अन्याय के खिलाफ दलित केवल विरोध कर सकते थे: उदाहरण के लिए, एकलव्य उनके लिए यह दर्शाने का महत्त्वपूर्ण साधन था कि वर्णाश्रम धर्म का क्या तात्पर्य था, वे उससे ऐसा कुछ कराना चाहते थे जो दंतकथाओं में उसे करते हुए नहीं बताया गया था, और वह था- विद्रोह:

यदि तुमने अपना अगूंठा नहीं दिया होता
तो इतिहास का रूप
कुछ दूसरा ही होता।
किंतु... तुमने अपना अंगूठा दे दिया
और इतिहास भी
उनका हो गया।
एकलव्य,
उस दिन से उन्होंने
तुम पर नज़र भी नहीं डाली।
मुझे माफ करना एकलव्य, अब मैं
उनके मीठे बोलों से मूर्ख नहीं बनूंगा।
मेरा अंगूठा
कभी नहीं कटेगा।
(हिंगोनेकर, 1989)

परंपरा के अनुसार किए गए इस घोर अत्याचार के सामने, स्पष्ट रूप से, दलित उग्रवादी इसका पूरी तरह प्रतिवाद कर सकते थे:

> तुम, जिन्होंने इस देश में जन्म लेने की गलती की है, अब इसे सुधार लो: या तो देश को छोड़कर चले जाओ अथवा इसके खिलाफ युद्ध छेड़ दो!
>
> (बगुल 1992, 70)

परंतु क्या भारतीय परंपरा पूरी तरह से दमनकारी है? क्या समानता और स्वतंत्रता के दावेदार दलित या उच्च जाति के प्रगतिवादियों के लिए भारतीय संस्कृति और पहचान को पूरी तरह अस्वीकार कर देना जरूरी है? जोतिबा फुले और ताराबाई शिंदे से लेकर अम्बेडकर, पेरियार और अन्यों द्वारा की जाने वाली इस सांस्कृतिक आलोचना का तात्पर्य इसके विपरीत था: भारतीय इतिहास और परंपरा की उनकी व्याख्या न केवल जाति वर्गीकरण और प्रभुत्व के नकारात्मक पक्ष पर आधारित है, बल्कि इसमें निम्न जातियों के विद्रोह और कभी-कभार हुई विजय को भी दर्शाने का प्रयास किया गया है। इसके विपरीत रूप में, हिंदू रूढ़िवाद से लड़ाई में नेहरूवादी धर्मनिरपेक्षतावाद के सामने समस्या यह नहीं थी कि समाज धर्मनिरपेक्ष एवं समानतावादी था, न ही यह कि इसमें स्वतंत्रता और समानता के सार्वभौमिक मूल्यों का दावा किया गया था, किंतु इन्हें न्यायसंगत ठहराने के लिए, किसी आलोचना के बिना, इसने हिंदू परंपरा की आधिपत्यवादी, ब्राह्मणवादी व्याख्या को स्वीकार किया था। यदि परंपरा को संवेदनशीलता के साथ समझा जाए, तो वास्तव में, स्वतंत्रता और समानता की जड़ें परंपरा में ढूंढ़ी जा सकती हैं।

इसके लिए पुनर्व्याख्या की प्रक्रिया की आवश्यकता होगी, क्योंकि मिथकों में निम्न जातियों, महिलाओं, जनजातियों, गैर-आर्यों, इत्यादि की आवाज़ों को, प्रारंभ से ही उनके स्वामियों और विजेताओं की व्याख्याओं के माध्यम से सुनाया गया था। शम्बूक चुप नहीं रहा, उसे चुप करा दिया गया था; उसके विरोध को कहीं दर्ज नहीं किया गया। हो सकता है कि एकलव्य ने लड़ाई की हो, किंतु उसकी लड़ाई को पौराणिक गाथाओं से मिटा दिया गया। अनेक मामलों में, यद्यपि, इस प्रतिरोध को कभी-कभी लिखित किंवदंतियों में और कभी-कभी लोक कथाओं में, कम-से-कम आंशिक रूप में दर्ज किया गया था, जिसे दोबारा निकालना होगा, उस पर अनुसंधान करने होंगे और उसे प्रभावपूर्ण बनाना होगा। यह सारी बातें सामान्य महसूस हो सकती हैं जिनसे लोकप्रिय पौराणिक गाथाओं की व्याख्या करने वाले समाज विज्ञानी या इतिहासकार भलीभांति परिचित हैं: स्वयं इस दस्तावेज को सामाजिक प्रक्रिया के आधार पर तैयार किया गया है। विसंरचनावाद(deconstructionism) और

उत्तर-आधुनिकतावाद के इस दौर में इसका उल्लेख करना जरूरी नहीं है। किंतु इन बातों को दोहराना इसलिए अनिवार्य हो जाता है क्योंकि भारतीय संस्कृति की शास्त्रीय व्याख्याओं में, जो कथित रूप से परिष्कृत कार्य-पद्धति से सबसे अधिक प्रभावित हुई हैं, अक्सर पौराणिक कथाओं के उच्च-जातीय वर्णनों को ऐसे मूलपाठों से अधिक महत्त्व नहीं दिया गया, जिनका अनुमान लगाने के लिए बिना कोई जांच किए, प्रयोग कर लिया गया।

यहां महिला अधिकारवादियों ने हिंदू पितृसत्तात्मक समाज की जटिलताओं को सुलझाने का प्रयास करते हुए, हिंदू धर्म के दलित विवाद को सुलझाने में महत्त्वपूर्ण योगदान दिया। यहां सीता का उदाहरण लेना दिलचस्प होगा जो एक दमित, आंशिक रूप से मौन, कदाचित सहयोग करने वाली नायिका थी जो अपने पति के प्रति पूर्ण समर्पण और आत्मोसर्ग की मिसाल थी। हाल ही के वर्षों में उसे महिलाओं के प्रति अत्याचार का प्रतीक माना जाने लगा है; किंतु सीता का चरित्र इससे कहीं अधिक सामर्थ्यवान था, जो वाल्मीकि की रामायण पढ़ने पर स्पष्ट हो जाता है। उदाहरण के लिए, हम उसे राक्षसों के नाम पर राम को फटकारते हुए भी देखते हैं:

> आप खतरनाक रूप से उस पापी अवस्था के निकट आ गए हैं जिसे अज्ञानियों को अक्सर भुगतना पड़ता है .... अर्थात् किसी ऐसे जीव की हत्या करना जिसने कोई अपराध न किया हो... हे देव, मेरी प्रार्थना है कि धनुष बाण से सज्जित आप जब इन वनवासी राक्षसों से युद्ध कर रहे हों, तो आप स्वयं को उन लोगों का अंधाधुंध वध करने की अनुमति न दें जिनका कोई अपराध नहीं है। (किश्वर, 1993)

किंतु राम अपने उत्तर में स्पष्ट कहते हैं कि वह दंडकारण्य वन में ब्राह्मणों को दिए गए वचन के कारण राक्षसों की रानी ताड़का सहित सभी राक्षसों का संहार करने के लिए वचनबद्ध हैं; और इस प्रकार वे जाति वर्गीकरण की सुरक्षा के भागीदार थे।

इससे अधिक महत्त्वपूर्ण बात यह है कि वाल्मीकि रामायण के अतिरिक्त, और इसकी अधिक पितृसत्तात्मक परवर्ती रामायण (जैसे तुलसीदास की रामायण, जिसमें लक्ष्मण रेखा का प्रसंग दिया गया है) में हमें सीता में विद्रोह की प्रवृत्ति देखने को मिलती है। कुछ परंपराओं में उसका रावण के प्रति प्रेम दर्शाया गया है (जो संभवतया रूढ़िवादी संस्करण का एक गुप्त प्रसंग दर्शाता था जिसमें उस पर केवल संदेह किया गया था)। सीता में एक शक्तिशाली किसान-आधारित परंपरा का भी उदाहरण मिलता है, जिसमें उसे देश निकाला दिए जाने पर वह राम का त्याग कर देती है।

यह प्रसंग उसके साथ किए गए अन्याय पर उसके क्रोध को दर्शाता है। उदाहरण के लिए, उत्तर प्रदेश के एक लोक काव्य में, जब लक्ष्मण उसे वापस ले जाने आता है, तो सीता उसके साथ जाने से इनकार कर देती है और अपने दोनों पुत्रों को स्वयं पाल-पोसकर बड़ा करती है और मातृवंशीय परंपरा की ओर लौटते हुए उन्हें अपने पिता का नाम देती है। इसी प्रकार रामायण के थाई संस्करण में, अंत में सीता वापस जाने से इनकार कर देती है, जब तक कि स्वयं ईश्वर पारिवारिक शुचिता और सम्मान को वापस लौटाने का वचन नहीं दे देते (देखें केडेट 1970, 242)।

सीता की छवि का सबसे अधिक दिलचस्प रूपांतरण महाराष्ट्र में, रावेरी की सीता के रूप में देखने को मिलता है, जो शेतकारी संघटन में प्रचलित है। रावेरी यवतमाल जिले का एक छोटा-सा गांव है, जहां शेतकारी संघटन के कार्यकर्ताओं को, किसानों से अपनी ज़मीनें परिवार की महिलाओं के नाम हस्तांतरित करने देने के अभियान के दौरान, एक पुराने, लगभग परित्यक्त सीता मंदिर का पता चला। ग्रामवासियों का कहना था कि 'इस मंदिर का निर्माण राक्षसों ने करवाया था', और वास्तव में मंदिर में विशिष्ट ग्राम देवी की मूर्ति लगी हुई थी। रावेरी की कहानी में, अयोध्या से निष्कासित किए जाने के बाद, सीता भटकते हुए रावेरी में आ बसी थी और दो छोटे बच्चे साथ होने के कारण वह कोई काम नहीं कर सकती थी, वह घर-घर जाकर आटे की भीख मांगती थी। जब गांव वालों ने उसे भिक्षा देने से इनकार किया (इस आधार पर कि ऐसी परित्यक्ता औरत ''एक बुरी औरत'' होगी), तो उसने गांव को श्राप दिया कि वह कभी गेहूं नहीं उगा पाएंगे। गांव वालों का कहना है कि कुछ वर्ष पहले, गेहूं की संकर जातियां आने तक उनके गांव में कभी गेहूं नहीं उगा। किंतु अब, वे अपने पूर्वजों के पापों का प्रायश्चित करने के लिए अपनी ज़मीनें अपनी महिलाओं के नाम कर देते हैं! गांव में एक हनुमान मंदिर भी है जिसमें हाल ही में प्राप्त ''परास्त हनुमान'' की प्रतिमा स्थापित है - जिसे, लोगों के कथनानुसार, सीता के पुत्रों ने हनुमान को उस समय मार गिराया था, जब वह सीता को वापस लेने आए थे।

ऐसे संस्करण, जिनमें सीता केवल दमन की प्रतीक नहीं है, बलिक राक्षसों से संबंधित और कृषि से (किंतु 'हरित क्रांति' से नहीं) संबद्ध है, रामायण के सभी विपरीत वर्णनों की वास्तविक गंभीरता को दर्शाते हैं: जो राम की विजय और एक आदर्श परिवार की कहानी नहीं, बल्कि द्रविड़ों तथा मूल आदिवासी जातियों पर उनकी विजय की, मातृसत्ता पर पितृसत्ता की विजय की, एक स्थायी कृषक समाज की स्थापना से संबंधित महिलाओं (आखिरकार सीता भूमिकन्या सीता थी जिसे

हल जोतते समय जमीन में पाया गया था) के दमन की गाथा है। अंततः यह एक ऐसी गाथा है जिसमें वर्ग/जाति/लिंग संघर्ष के एक लंबे युग की, एक लंबे दौर में कई व्याख्याएं की गई है, किंतु साथ यह पराजितों के प्रतिरोध और एकता की भी कहानी है, जो एक बदलाव की, और किसानों, दलितों, महिलाओं और आदिवासियों की स्वतंत्रता की भविष्यवाणी करती है।

जातियों के प्रभुत्व, शोषण और पितृसत्ता के प्रसंग एक साथ जुड़ते हैं, और शम्बूक, सीता, ताड़का और रावण ब्राह्मणवादी हिंदू व्यवस्था में उन पर हुए अत्याचार में, और उसके खिलाफ विद्रोह में एकसाथ आ जाते हैं। अब राम की छवि को कथानक की संपूर्णता पर प्रश्न उठाए बिना महान बताना असंभव है, और अब इस विवाद को केवल उच्च जाति के शिक्षित संभ्रांत वर्ग द्वारा आगे नहीं बढ़ाया जाता। अत्याचार और विद्रोह के प्रसंग ऐसे प्रसंग हैं जो लोगों के, किसानों, महिलाओं, दलितों और जनजातियों के भौतिक जीवन से जुड़े हुए हैं, और इसी वजह से, जब हिंदूवादियों का रामायण को हिंदू रूढ़िवादिता का प्रतीक बताने का प्रयास सफल होने के कगार पर होता है, तो अचानक इन प्रसंगों के फूट पड़ने का खतरा बढ़ जाता है। गांधी और नेहरू के साथ-साथ अम्बेडकर, फुले और पेरियार की परंपराओं से संबंधित पुनर्व्याख्याएं और विवाद होते रहेंगे, किंतु आज की स्थिति उपनिवेशीय काल से इतनी अधिक भिन्न है कि आज के भारत में नेहरूवादी समाजवाद की तुलना में राम राज कतई व्यावहारिक आदर्श नहीं है।

उच्च जातियों के कल्पित अतीत का ढोल बजाते रहने से कोई शाश्वत जीत हासिल नहीं होगी। लोगों को उनका अतीत याद दिलाते रहने से निरंतर एक नए समाज की रचना में योगदान मिलेगा, जिसमें मुख्य रूप से दलित वर्ग आत्मविश्वास, और आकांक्षाओं से भरा होगा, जिसे प्रतीक के रूप में असंख्य कविताओं में प्रकाशित किया गया है; दलित गाथा *वामन कार्डक* में नए सूर्य का आह्वान करते हुए, एक शक्तिशाली बुलावा दिया गया है:

अंधियारे की सेना को दूर भगा दो,
आकाश, चांद और तारों को खोजो
वह प्रकाश जो तुम्हीं में है
वह प्रकाश जो तुम्हीं में है
कल का सूरज बनके निखरो।
(केडक 1992, 95)

''सूर्य'' भारतीय भाषा में रवि है; और भक्ति कवि रविदास की कल्पना के शहर ''बे-गमपुरा'' का प्राचीन स्वप्न, जिसकी तुकाराम, कबीर ने विभिन्न नामों से कल्पना की, जिसकी फुले ने अपने ''बालि के राज्य'' में कल्पना की और यहां तक कि अम्बेडकर ने भी जिस ''*प्रबुद्ध भारत*''का सपना देखा, वह आज भी ''दलित परिकल्पना'' का मूल सार है। यह लक्ष्य अभी भी काफी दूर है, किंतु सशक्तीकरण का मुद्दा, जिसे आज की बहुजन समाज पार्टी ने बहुत-कुछ विकृत रूप में प्रदर्शित किया था, आज भी नए भारत के उदय की कार्यसूची में शामिल है।

संदर्भ ग्रंथ सूची
(Bibliography)

Ambedkar, B. R. 1979, 'Annihilation of Caste'. In *Dr. Babasaheb Ambedkar: Writings and Speeches, Volume 1.* Bombay: Government of Maharashtra.

_____. 1979. 'Federation or Freedom'. In *Dr. Babasaheb Ambedkar: Writings and Speeches, Volume 1.* Bombay: Government of Maharashtra.

_____. 1987. 'Revolution and Counter-Revolution in Ancient India'. *Dr. Babasaheb Ambedkar: Writings and Speeches, Volume 3.* Bombay: Government of Maharashtra.

Bagul, Baburao. 1922a. 'You Who Have Made the Mistake'. Translated by Vilas Sarang. In *Poisoned Bread: Translations from Modern Marathi Dalit Literature,* ed. Arjun Dangle, New Delhi: Orient Longman.

_____. 1992b. 'Dalit Literature is but Human Literature'. In *Poisoned Bread: Translations from Modern Marathi Dalit Literature,* ed. Arjun Dangle. New Delhi: Orient Longman.

Banerjee, Sumanta. 1989. 'Women's Popular Culture in Nineteenth Century Bengal'. In *Recasting Women: Essays in Colonial History,* ed. Kumkum Sangari and Sudesh Vaid. Delhi: Kali for Women Press.

Bhagwat, M. E. 1980. 'Vidarbhatil Dalit Vicharanci Netrutva'. In *Political Ideas and Leadership in Vidarbha,* ed. P.L. Joshi. Nagpur: Department of Political Science, Nagpur University.

Bhave, Sadashiv. 1988. 'Bhakti in Modern Marathi Poetry'. In *The Experience of Hinduism*, ed. Eleanor Zelliot and Maxine Berntsen. Albany, New York: State University of New York Press.

Diehl, Anita. 1977. *Periyar E. V. Ramaswami*. Bombay: B. I. Publications.

Cadet, J.M. 1970. *Ramakien: The Stone Rubbings of the Thai Epic.* Bangkok: Kodansha International.

Census of India, 1931, Volume XXIII, Hyderabad State; Part I: Report. 1933. Hyderabad-Deccan: Government Central Press.

Chakravarti, Uma. 1998. *Gender, Class and Nation: Ramabai and the Critique of Brahmanical Patriarchy.* New Delhi: Kali for Women.

_____. 1983. 'The Development of the Sita Myth: A Case Study'. *Samya Shakti*, vol. I, no. 1, July.

_____. 1993. 'Conceptualising Brahmanical Patriarchy in Early India: Gender, Class and State'. *Economic and Political Weekly*, 3 April.

_____. 1981. 'The Sita Who Refused the Fire Ordeal'. *Manushi*, No. 8.

'A summary of the Proceedings'. 1991. In *Jotiba Phule: An Incomplete Renaissance, Seminar Papers.* Surat: Centre for Social Studies.

Chatterjee, Partha. 1989. 'The Nationalist Resolution of the Women's Question'. In *Recasting Women: Essays in Colonial History*, ed. Kumkum Sangari and Sudesh Vaid. Delhi: Kali for Women Press.

Collected Works by Mahatma Jotirao Phule, Volume II, Selections translated by P.G. Patil. 1991. Bombay: Government of Maharashtra.

Cowell, E. B. ed. and trans. 1895. *The Jataka or Stories of the Buddha's former births*, vol. 5. Originally published Cambridge: Cambridge University Press, 1895. Reprinted Delhi: Motilal Banarasidass.

_____. ed. 1907. *The Jataka or Stories of the Buddha's former births,* vol. 6. trans. E. B. Cowell and W. H. D. Rouse. Cambridge: Cambridge University Press.

Dhasal, Namdev. 1992. 'So That my Mother May be Convinced', trans. Jayant Karve, Vidyut Bhagwat, and Eleanor Zelliot. In *An Anthology of Dalit Literature*, ed. Mulk Raj Anand and Eleanor Zelliot. New Delhi: Gyan Publishing House.

Economist. 1993. 6 February.

Everett, Jana. 1981. *Women and Social Change in India.* New Delhi: Heritage.

Gadgil, Madhav, and Ramchandra Guha. 1992. *This Fissured Land: An Ecological History of India.* New Delhi: Oxford University Press.

Gautam, M. G. 1976. '"The Untouchables" Movement in Andhra Pradesh'. *Andhra Pradesh State Harijan Souvenir*, Hyderabad: Government Press.

Geetha, V. and S. V. Rajadurai. 1993. 'NeoBrahmanism: An International Fallacy?'. *Economic and Political Weekly*, 16–23 January.

Guna. 1984, *Asiatic Mode: A Soda-Cultural Perspective.* Delhi: Bookwell Publications.

Hawley, John Straughton and Mark Juergensmeier. 1988. *Songs of the Saints of India.* New York: Oxford University Press.

Hingonekar, Shashikant. 'Ekalavya'. *Asmitadarsh*, April/May/June 1989; translated by Gail Omvedt and Bharat Patankar.

Hunger 1992: Second Annual Report on the State of World Hunger. 1992. Washington, D.C.: Bread for the World Institute.

IBRD, *The World Development Report, 1992*. 1992. New Delhi: World Bank.

Irschick, Eugene. 1969. *Politics and Social Conflict in South India*. Berkeley: University of California Press.

_____. 1986. *Tamil Revivalism in the 1930s*. Madras: Cre-A.

Iyer, Raghavan. ed. 1986. *The Moral and Political Writings of Mahatma Gandhi, Volume I*. Oxford: Clarendon Press.

Jeurgensmeier, Mark. 1982. *Religion as Social Vision: The Movement against Untouchability in 20th Century Punjab*. Berkeley: University of California Press.

Joshi, Barbara. 1984. *Untouchable! Voices of Dalit Liberation*. London: Zed Books.

Kabir. 1997. *Kabir Bijak*. Commentary by Abhilash Das, trans. Prem Prakash. Allahabad: Parakh Prakashak Kabir Sansthan.

Kaidak, Waman. 1992. 'The Darkness within Me'. In *An Anthology of Dalit Literature,* ed. Mulk Raj Anand and Eleanor Zelliot. New Delhi: Gyan Publishing House.

Kailasapathy, K. 1987. 'The Writings of the Tamil Siddhas'. In *The Sants: Studies in a Devotional Tradition of India*, ed. Karine Schomer and W.H. McLeod. Delhi: Motilal Banarsidass.

Khare, R. S. 1984. *The Untouchable as Himself: Ideology, Identity and Pragmatism Among the Lucknow Chamars*. London: Cambridge University Press.

Kishwar, Madhu. 1993. *Times of India*, 28 January.

Kosambi, Meera. 1992. 'Indian Response to Charistianity, Church and Colonialism: Case of Pandita Ramabai'. *Economic and Political Weekly*, 24–31 October.

Kumar, Kapil. 1989. 'Rural Women in Oudh, 1917–1947'. In *Recasting Women: Essays in Colonial History*, ed. Kumkum Sangari and Sudesh Vaid. Delhi: Kali for Women Press.

Lal, Deepak, 1988. *The Hindu Equalibrium, I: Cultural Stability and Economic Stagnation, India c.1500 BC–AD 1980*. London: Oxford University Press.

Lynch, Owen. 1969. *The Politics of Untouchability*. New York: Columbia University Press.

Meshram, Keshav. 1992. Untitled poem. In *An Anthology of Dalit Literature*, ed. Mulk Raj Anand and Eleanor Zelliot. New Delhi: Gyan Publishing House.

Moore, R. J. 1990. 'Jinnah and the Pakistan Demand'. In *India, Rebellion to Republic*, ed. Robin Jeffrey et al. New Delhi: Sterling Publishers Pvt. Ltd.

Murugesan, K. and C. Subramanyam. 1975. *Singaravelu, First Communist in South India*, New Delhi: Peoples' Publishing House.

Namboodiripad, E. M. S. 1986. *A History of the Indian Freedom Movement. Trivandrum:* Social Scientist Press.

Namdev. 1999. *Sant Namdevance Abhanggaatha*. Satara: Rashtriya Samiti.

Nehru, Jawaharlal, 1941. *Towards Freedom: The Autobiography of Jawaharlal Nehru*. New York: John Day Co.

_____. *The Discovery of India.* 1982. New Delhi: Oxford University Press.

Nimbalkar, Waman. 1976. 'Just Poem', trans. Graham Smith. *Vagartha*, 12 January.

O'Hanlon, Rosalind. 1988. *Caste, Conflict and Ideology; Mahatma Jotiba Phule and Low-Caste Social Protest in Nineteenth Century Western India*. Cambridge: Cambridge University Press.

Omvedt, Gail. 1994. *Dalits and the Democratic Revolution: Dr. Ambedkar and the Dalit Movement in Colonial India*. New Delhi: Sage.

Pandey, Gyanendra. 1991. 'Hindus and Others: The Militant Hindu Construction'. *Economic and Political Weekly,* 28 December.

_____. 1990. *The Construction of Communalism in Colonial North India.* Delhi: Oxford University Press.

Patankar, Bharat. 1993. *Hindu ka Sindhu*. Pune: Sugawa Prakashan, 1993. A shortened English version, Hindu or Sindhu'. *Frontier*, 27 February.

Phukon, Girin. 1986. 'Ethnic Nationalism in North-East India: A Brief Overview of its Legacy'. In Deka, *North-East Quarterly*, vol. 2 no. 3.

Phule, Jotiba. 1990. *Samagra Wanghmay*. Bombay: Government of Maharashtra.

Ramabai, Pandita. 1982. *The High-Caste Hindu Woman.* Originally published 1887. Reprinted Bombay: Government of Maharashtra.

Ramanuja, A. K. trans. 1973. *Speaking of Siva*. New Delhi: Penguin.

Ramteke, Kamalsingh Baliram. 1941. Untitled poem. *Janata*, 21 June.

_____. Untitled poem. 1938. *Janata*, 15 January.

Roy, A. K. 1980. *The New Dalit Revolution.*

Roy, Asim. 1991. 'The High Politics of India's Partition: The Revisionist Perspective (Review Articles)'. *Modern Asian Studies*, vol. 24, no. 2, May.

Sarkar, Summit. 1983. *Modern India, 1885–1947.* Delhi: Macmillan India Ltd.

Schouten, J. P. 1995. *Revolution of the Mystics: On the Social Aspects of Virasavism*. Delhi: Motilal Banarsidass.

Shinde, Tarabai. 1992. *Stri-Purush Tulna*. Nagpur: Ashoka Prakashan.

Shiva, Vandana. 1989. *Staying Alive: Women and Ecology in India*. New Delhi: Kali for Women Press.

Shivaiah, M. 1993. 'Behind Hindu Growth Rate'. *Economic and Politial Weekly*, 3 April.

The Challenge to the South: Report of the South Commission. New Delhi: Oxford University Press, 1992.

Time, 1993. 25 January.

Tukaram. 1973. *Shri Tukarambavancya Abhangaci Gatha*. Marathi collection of Tukaram's Abhangs. Mumbai: Shaskiya Madhyavati Mudranalay.

Upreti, G. B. 1997. The Early Buddhist World Outlook in Historical Perspective, New Delhi: Manohar.

Vithạl, B. P. R. 1993. 'Roots of Hindu Fundamentalism'. *Economic and Political Weekly*, 20–27 February.

Yechury, Sitaram. 'What is Hindu Rashtra? An Exposure of Golwalkar's Fascist Ideology and the Saffron Brigade's Practice'. *Frontline*, 12 March.

अनुशंसित पुस्तकें
(Recommended Readings)

Aloysius, G. 1997. *Nationalism without a Nation in India.* New Delhi: Oxford University Press.

Aloysius, a Christian OBC from Tamil Nadu, after working for over a decade as an activist in Jharkhand, returned to Delhi and took up his education. This is his M.Phil dissertation, a hard-hitting critique of all the well-known nationalist leaders and a survey of the anti-caste movements of the colonial period.

Ambedkar, B. R. 2005. *Annihilation of Caste.* New Delhi: Critical Quest Publications.

This is a reprint of a 1936 essay; Ambedkar had been asked to give a lecture in the Punjab on the subject, but the Jat-Pat Todak Mandal which invited him refused to published it as it was, objecting to some of his stronger critiques. Ambedkar published it on his own, along with a reply by Gandhi and his response. This is a powerful critique of Hinduism.

____. 2006. *The Philosophy of Hinduism.* New Delhi: Critical Quest Publications.

This elucidates what a philosophy should do, how different philosophies and religions have developed according to stages of society, and from the basis of modernism (where the individual not the group is the centre of morality) critiques Hinduism with abundant quotes from Manu and others.

Chakravarti, Uma. 1998. *Rewriting History: The Life and Times of Pandita Ramabai*, New Delhi: Kali for Women.

An engrossing study not only of Ramabai (and here it gives almost the definitive source) but also of her age, including Phule, Ranade, the Peshwas and others. Uma Chakravarti is a well-known scholar of ancient India, who was first to use the concept of 'brahmanical patriarchy'.

Geetha, V. and S.V. Rajadurai. 1998. *Towards a Non-Brahmin Millennium: From Iyothee Thass to Periyar*. Calcutta: Samya.

A good analysis of the anti-caste movement in Tamil Nadu, beginning with the first reviver of Buddhism in India, the dalit Iyothee Thass. Geetha and Rajadurai also include the issues of how the movement handled feminism.

Hawley, John Straughton and Mark Juergensmeier. 1998. *Songs of the Saints of India*. New York: Oxford University Press.

A good survey, with translations of some of the most important *sants* (includes Ravidas, Kabir, Tulsidas, Surdas), by two American scholars. It also gives descriptions of the current state of the movements around these icons.

Hess, Linda and Shukhdev Singh. trans. 1986. *The Bijak of Kabir*. Delhi: Motilal Banarsidass.

Perhaps the best published set of translations of the most well-known and powerful bhakti poet. It also includes notes and useful short biographical and interpretative information by Linda Hess.

Ilaiah, Kancha. 1996. *Why I am not a Hindu*. Kolkata: Samya.

A provocative declaration by a leading intellectual of the 'Dalit-Bahujan' movement, emphasing the difference in cultural, religious and productive life between the brahman and other 'upper' castes and the masses who are now classified as OBCs and dalits. Ilaiah stresses that the latter are the "productive" and scientific communities of India.

Mani, Braj Ranjan. 2009. *DeBrahmanising History*. New Delhi: Manohar.

A useful survey of four thousand years of Indian history, from the perspective of the subaltern anti-caste movement. Braj Ranjan Mani is a well-known journalist, activist and intellectual whose writings concern themselves with the goal of annihilation of caste.

Omvedt, Gail. *Buddhism in India: Challenges Brahmanism and Caste*. New Delhi: Sage.

A survey of 2500 years of Buddhism from an Ambedkarite point of view. It includes a discussion of its background, philosophy, the type of society it fostered; a brief look at the changing forms from Theravada of Mahayana and Vajrayana, and developments in the modern period with Ambedkar's 'navayana Buddhism'.

Phule, Jotirao. 2007. *Slavery*. New Delhi: Critical Quest Publications.

'Slavery' is a translation of Phule's first major tract, *Gulamgiri*. It is a hard-hitting satirical account of how the 'avatars' of orthodox Hindustan can be interpreted as stages of the Aryan invasion of India. The Introduction is in Phule's own English and shows that he could, when necessary, write powerfully in this language also. It gives the basis of his thinking. This is taken from the Leftword edition of Phule's work edited by G.P. Deshpande, which also contains Shetkaryaca Asud ('Whipcord of the Cultivator'), where he gives a full analysis of human development up to and including British rule in India.

Zelliot, Eleanor. 2002. *Dr. Ambedkar and the Untouchable Movement*. New Delhi: Bluemoon Books.

This is a long-awaited publication of the PhD. dessertation of the most well-known and knowledgeable scholar on Ambedkar. It was probably the most read unpublished dissertation until Bluemoon finally did it. It provides a useful survey of Ambedkar and his movement.

अनुक्रमणिका